风 靡 全 球 的 未 解 之 谜 及 其 背 后 的 故 事

法老的诅咒

神秘的金字塔与木乃伊之谜

探秘天下编写组 编著

THE PHARAOH'S CURSE

时事出版社

前　言

埃及是一个瑰丽多姿、无比神秘的国度。古希腊历史学家希罗多德曾经说过，“埃及是尼罗河的赠礼”。正是因为尼罗河的馈赠和哺育，古埃及人才能在这片神奇的土地上创造出辉煌灿烂、魅力无穷的文明，古埃及才能成为四大文明古国之首。

埃及金字塔屹立黄沙数千年，人们在感叹它的雄伟壮观时，困惑的却是这庞然大物是如何建成的？狮身人面像如武士一般守卫在金字塔旁，人们在赞赏它尽忠职守时，疑窦的却是它的脸刻画的是哪位法老？木乃伊孤寂地沉睡在暗无天日的陵墓中，人们毛骨悚然时，忐忑的却是它们会不会像电影《木乃伊归来》中那般复活？无数想打开或者进入金字塔的人都忘不了一个恐怖的传说：法老的诅咒！面对古老神秘的玛雅文明，我们会担心世界末日是否如期而至，它们与古埃及文明是否共同传承于外星……

古埃及留给这个世界和后人无数的遐想。尽管古埃及文明早已消失在历史的长河中，但它留下的万千谜团，从古至今吸引了无数人好奇的目光，人们对它的寻访和探索从未停止。本书将会带领大家进入一个神奇的异域国度，在迷雾重重中了解古埃及人超群的智慧，折服于古埃及不可思议的文化。

本书内容丰富，可读性极强，介绍了金字塔、狮身人面像、木乃伊、法老的诅咒、消失的玛雅等等众多热点话题，以翔实客观的资料，带领读者走入神秘的古埃及，领略古埃及人不可思议的智慧和灿若星河的文化。

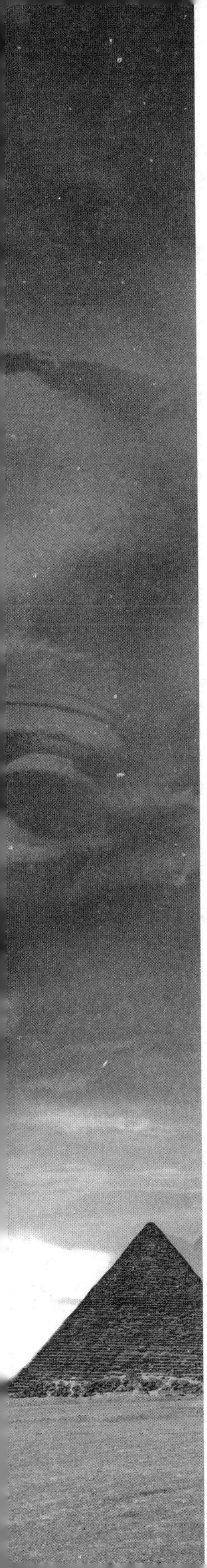

目录

Contents

第一章　古代世界八大奇观之首：埃及金字塔

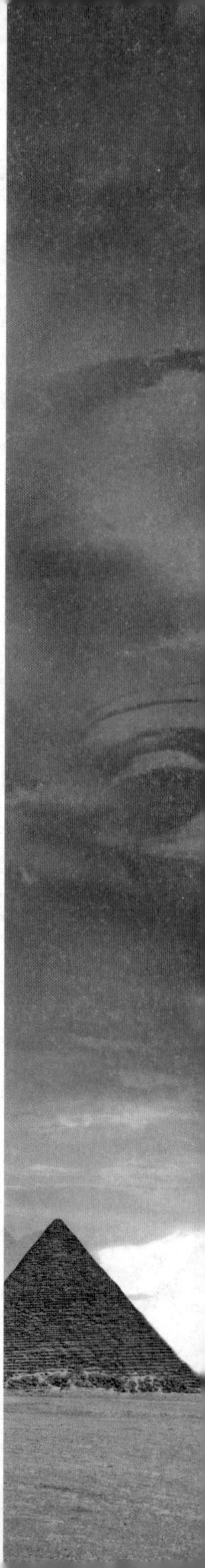

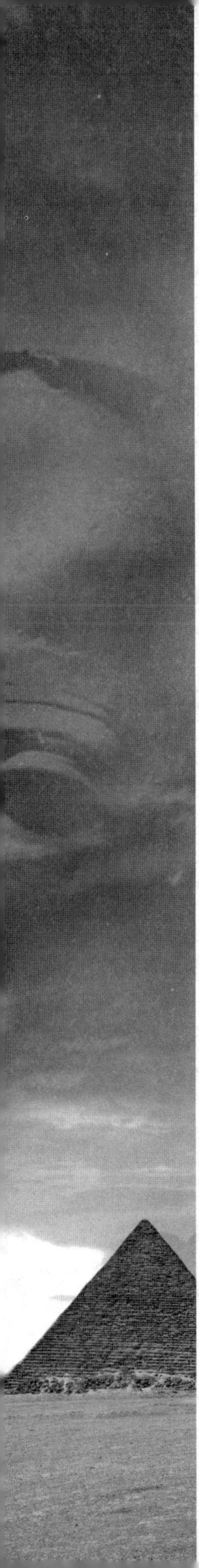

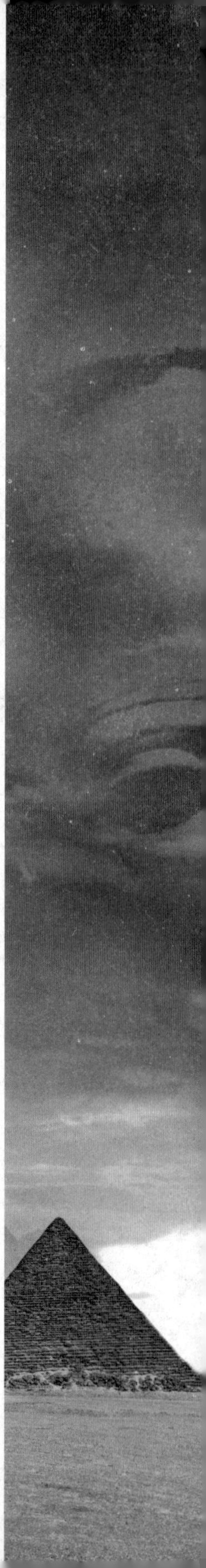

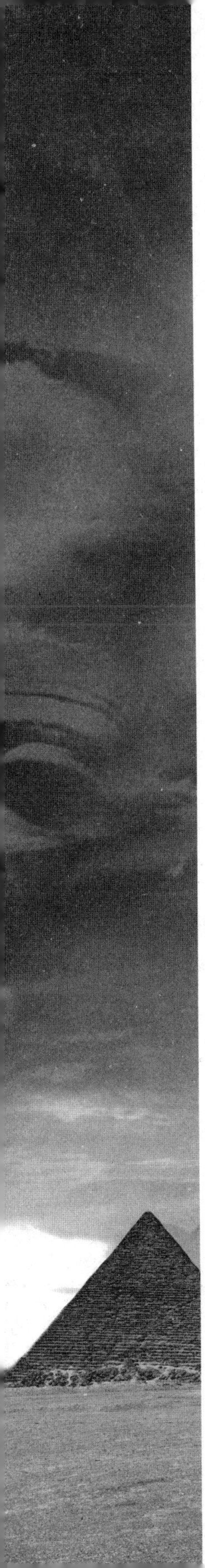

第八章　诸神之战：神奇的玛雅

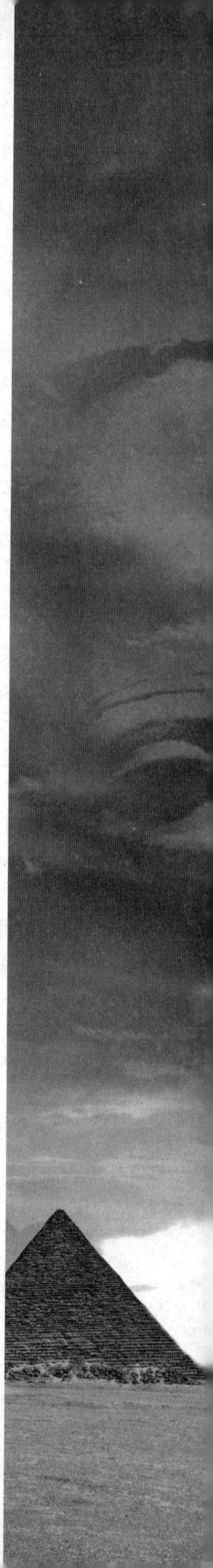

第一章

古代世界八大奇观之首：埃及金字塔

古埃及是四大文明古国之一，它历史悠久，源远流长，全世界都被它那古老而独特的魅力所折服。它向人们展示了雄伟壮观的金字塔、威严无比的狮身人面像、神秘恐怖的木乃伊……

显赫千年的“庇里穆斯”

古埃及语中，“庇里穆斯”通常指金字塔，有“高”的意思。金字塔规模庞大，千百年来引起无数人的惊叹。在世界其他知名建筑破坏惨重之时，它们依旧屹立于黄沙之中，似乎验证了阿拉伯人的那句俗语——人类惧怕时间，而时间却惧怕金字塔。

埃及金字塔大约建于公元前27世纪，位于尼罗河西岸、开罗西南约13公里的吉萨地区，所以又有“吉萨金字塔”之称。金字塔为底面呈正方形的锥形建筑，从外形上看很像中国汉字“金”字，这也是“金字塔”之名的由来。

目前埃及有多少座金字塔？恐怕没有确定的数字。

1842年，一位知名的考古学家为金字塔做了列表，他当时的统计为67座。后来，经过更进一步的探索，他又发现了更多的金字塔，只不过这些金字塔不仅规模小，而且不是被破坏得只剩下残骸，就是和碎石陵墓有关，以至于难以辨别、统计。

埃及所有的金字塔中，最有名的当属祖孙三代的金字塔，即胡夫金字塔、哈夫拉金字塔、曼卡拉金字塔。

胡夫金字塔是规模最大的一座，有“大金字塔”之称，是古埃及第四王朝胡夫的陵墓。这座金字塔原本高约146.59米，经过数千年的风吹雨打，塔顶剥蚀了近10米，现在高约136米。人们除了惊叹于这座金字塔的规模外，它高超的建筑技艺也让人叹为观止。比如金字塔是使用巨型的打磨光滑的石块叠加而成的，这些石块间没有使用任何粘黏物，可是却能经历数千年而不倒，而且石块与石块之间缝隙紧密，再薄的利刃也很难插入。另外，大金字塔运用了许多数学和几何学知识，像塔身北面的入口就被四块巨石堆砌成三角形。为什么不堆成四边形呢？因为塔的重量会压垮四边形，而三角形具有稳定性，容易分散塔身的压力。数千年前的古埃及人能够想到这一点，绝对是了不起的。

胡夫金字塔的不远处就是哈夫拉金字塔，由于地势较高，它看起来比胡夫金字塔还要高一些，但事实上，它比胡夫金字塔低了约 3 米。塔的附近有一座人头狮子身的巨型雕像，那就是著名的狮身人面像。石像是由一块巨大的天然岩石凿成的，距今有 4500 多年的历史。现今，它依然屹立在哈夫拉金字塔旁，似乎不畏惧时间对它的磨练。但突兀的是，它的鼻子不见了。古埃及人为何要在金字塔旁边雕琢这么一座巨大的狮身人面像呢？原来，在古埃及的神话中，狮子代表着勇猛，它是地下世界大门的守护者，是各种神秘地方的守护神，修建它的目的就是守护法老的陵墓。

曼卡拉金字塔是三座金字塔中最小的一座，是在第四王朝衰落时期修建的，如今损坏严重。

第四王朝以后，其他法老也建造了许多金字塔，但都没法和上述三座金字塔比。第六王朝以后，埃及出现分裂，法老也逐渐失去威信，以至于不少人打起了金字塔的主意，他们不仅将法老的木乃伊从金字塔中拖出来，还偷盗墓中珍贵的陪葬品。后来，法老们不再修建金字塔，而是在深山之中开凿陵墓。

此外，在尼罗河谷绿洲边缘的沙漠中，也屹立着数座金字塔，那些金字塔被称为“萨卡拉金字塔”。萨卡拉金字塔造型怪异，建造时间远远比吉萨金字塔早，也可以说，吉萨金字塔就是在萨卡拉金字塔的基础上演变建造出来的。

萨卡拉金字塔中最著名、最古老的当属阶梯金字塔，它有6层，高约60米，像一个生日蛋糕，是古埃及第三王朝左塞王的陵墓。这座金字塔的附近还分布着许多贵族和大臣的陵墓，埃及博物馆中无数的浮雕和壁画就是从这里挖掘出来的。值得一提的是，这里还有一道神奇的风景线：以通往萨卡拉金字塔的公路为界限，一边是绿洲，一边是沙漠。人们很难理解，仅仅是隔着一条公路，景色怎么会如此天差地别呢?

埃及还有不少古怪的金字塔，如弯曲金字塔、红色金字塔等等。金字塔作为世界七大奇迹之首，工程浩大，结构精密，给人们留下了一个又一个的谜团。

古埃及君王为什么自称“法老”

在古代中国，君王被称为“皇帝”，其由来源于“三皇五帝”。而在古埃及，君王们也有一个特别的称呼，那就是“法老”。

“法老”这个称呼是怎么来的呢？

在古埃及，“法老”是埃及语的希伯来文音译，有“大房子”、“王宫”的意思，起初并不涉及国王本身。到了新王国第十八王朝图特摩斯三世时期，“法老”开始用于国王本身，并渐渐演变成对国王的尊称。不过，这个时期的“法老”并没有被官方认可，直到第二十二王朝以后才正式成为国王的头衔。

法老们为了提升自己的地位，会对外宣称自己是太阳神的儿子，是神灵在人间的化身，而眼镜蛇则为法老的保护神。或许是被过度神化了，古埃及人对法老产生了近乎痴狂的崇拜，他们单单听到法老的名字就激动不已，更别提见法老一面了，而朝中官员更是以亲吻法老的脚趾头为豪。

法老作为权力最顶端的人物，除了称呼与众不同外，外在装扮上也极为讲究。

在王冠上，古埃及没有统一之前，有南部上埃及和北部下埃及两个王国，上埃及的王冠为白冠，下埃及的王冠为红冠。埃及统一后，法老们佩戴双冠。此外，法老在宗教仪式和战场上所佩戴的王冠也各不相同，前者佩戴“阿太夫冠”，后者佩戴“蓝冠”。这些王冠在金字塔内的壁画或一些陪葬品的图绘中均出现过。

在头饰上，法老佩戴得五花八门，最常见的头饰是“尼美斯”，就是吉萨狮身人面像头上佩戴的那种。而权杖是法老权力的象征，最常见的权杖有三种，分别是代表“统治者”的赫卡杖、代表“统一”的万斯杖和法老死后所持的连枷杖。

法老死后，身体会被制成干尸，也就是木乃伊。它们会被放在金字塔中，在黑暗中等待“重生”。

那么，作为埃及王国最高的统治者，法老有哪些权力呢?

首先是神权。理论上，埃及只有一个祭司，那就是法老，基本上所有的祭祀仪式都是由法老主持和完成的。但是一个国家只有一个法老，可全国的神庙多不胜数，法老不可能去参加所有的祭祀活动。于是，法老指派神庙中的高僧担任高级祭司，由他们代替法老主持祭祀活动。正是这样的决策，导致了埃及后期神权与王权的分裂。

其次是司法权、立法权、行政权。在司法权上，古埃及和古代中国一样，都是君主专制，法老拥有最终的解释权和裁判权。在立法权上，法老的话就是法律，法老认定你有罪，那么你就一定有罪，即使你是冤枉的。用儒家的话说，法老就是“口含天宪”，而被定罪的人是“百口难辩”。此外，法老不受任何法律条文的约束。在行政权上，法老可以任命一切官员，也掌握着全埃及所有人的生杀大权。

然后是土地所有权。法老代表着埃及，而埃及的所有财产都是属于法老的，这其中包括土地、人民等。在前期，埃及实施土地公有制，土地允许买卖，但只限于使用权。到了后期，埃及实行土地私有制，土地归个人所有，以至于法老名义上拥有整个埃及的土地所有权，实际上却已名存实亡。

最后是军权。最初的时候，埃及没有常备军，但招募来的士兵都听命于法老。后来，埃及不仅发展出常备军，还衍生雇佣兵，这时候法老是军队的最高统帅。在新王国时期，法老在军队内设立上埃及司令和下埃及司令等官职，这些任命的军官只是指挥，并不是统帅，出征时还是由法老亲自带领。不过，总有一些法老不擅长战争，这就导致军权被军官篡夺。就比如古埃及第十八王朝的少年法老图坦卡蒙，他手中的军权名存实亡，都是被军官掌控着。后来，一些神庙中的高僧也在军权上分了一杯羹。

在古埃及，还有许多关于法老们的故事，这些故事或是关于战争，或是关于爱情，或是关于诅咒……

天梯传说

金字塔是什么？人们普遍认为是法老们的陵墓。古埃及人为什么热衷于修建金字塔？那是因为对神灵的崇拜。

古埃及人心中有一个根深蒂固的观念，那就是“来世观”。他们认为，人的一生分为两个阶段，生只是一个短暂的停留，死后才能享受永恒。这种“今生来世”的观点影响着埃及人，以至于他们在活着的时候就为死后做准备——建造坟墓。有钱人的坟墓格外讲究，他们会用各种物品去装饰，以求死后能永生。法老和贵族们花费的人力、物力和财力会更多，他们会用几十年的时间建造一座坟墓，还会让技艺精湛的工匠绘制壁画和木制模型装饰坟墓。他们这么做的寓意是，希望死后能继续享受奢华、惬意的生活，从事驾船、狩猎、欢宴等娱乐活动。

一开始，不论是法老还是王公大臣、平民百姓，他们的坟墓都很简单，是一种泥砖建成的四棱台状建筑，古埃及人称之为“马斯塔巴”。直到第三王朝以后，才出现了稍微复杂的梯形金字塔。

关于梯形金字塔的诞生有这么一个故事：

相传，古埃及有一个聪明的年轻人叫伊姆荷太普。他出生于一个普通家庭，起初只是一个小小的官员。但他知识渊博，智慧惊人，创造了许多古怪而有用的发明。当时的法老左塞王求才若渴，他发现伊姆荷太普在建筑上很有天赋，于是提升了他的官职。伊姆荷太普审时度势，抓住机会一步步走上了权力的中心，担任了总建筑师、祭祀长、农业大臣等职位，最后成为一人之下的宰相。

为了感谢左塞王的重用，伊姆荷太普决定要为他设计一座与众不同的陵墓。他不再采用泥砖建造陵墓，而是用山上采集的方形石块，设计方案也是不停地修改。最后，一座六阶的梯形金字塔诞生了，这也是我们现在所见到的金字塔的雏形。

伊姆荷太普设计的金字塔，底座也呈正方形，只不过是呈阶梯状，就像多层蛋糕一样。此后，梯形金字塔取代了马斯塔巴，左塞王之后的法老纷纷修建这样的陵墓。由于金字塔起源于古王国时期，所以这个时代又被称为“金字塔时代”。只是，古埃及的法老们为何又修建出角锥形的金字塔呢?

因为陵墓一开始对法老们来说只是一个死后的永久性住所，后来法老们产生了死后要成神、灵魂要升天的观念。在《金字塔铭文》中有这样一句话:“为他(法老)建造起一座上天的天梯，以便他能由此去天上。”天梯就是指金字塔，同时角锥体金字塔含有对太阳神崇拜的意思。在埃及，太阳神“拉”的标志为太阳的光芒，而金字塔象征着冲向青天的太阳光芒。如此看来，就好像一座天梯。此外，铭文里还有这样一段:“天空把自己的光芒伸向你，这样你就可以去天上，就像拉的眼睛一样。”古埃及人崇拜方尖碑，也是因为方尖碑有“太阳的光芒”的意思。

此后，埃及法老们不断地改进金字塔，直到成为我们现在所看到的角锥形状。当阳光照耀在塔上时，塔身似乎能折射出一道道耀眼的光芒，这光芒就是法老们升天的天梯。再后来，金字塔成为法老们专制权力的象征，代表着法老至高无上、神圣不可侵犯的权威。

神秘的金字塔太阳船

埃及向人们展示了许多瑰宝，其中有一个奇怪而独特的船形建筑——太阳船。这是一艘长约 45 米的木船，两头高高翘起，不仅形状别致，外形也漂亮大气。更重要的是，木船历史悠久，距今已有数千年。

当我们看到船时，首先想到的是它竖着船帆在海中航行。可这艘木船很奇怪，它不仅上了陆地，还被埋葬在一座金碧辉煌的金字塔旁边。在古埃及，法老们陵墓中的陪葬品多种多样，有珠宝、战车、食物、动物木乃伊等等，这艘木船若是作为陪葬品被埋在墓中那就不足为奇了，可是它偏偏埋葬在大金字塔的边上，这是为什么呢？

在太阳船未被发现之前，人们就在大金字塔附近发现了一些坑印。据考察，这些坑印是船只造成的，所以人们理所当然地猜测这附近一定有船只经过。那么，金字塔旁边有几个船坑呢？一共有两个规模较大的船坑，位于大金字塔东面下方的神庙两侧。

这里是否埋葬过船只？起初人们无法肯定，因为那时候还没有发现太阳船。所以，人们只是思考，为什么金字塔的旁边要放船？它是用来干什么的？

人们最初的猜测与祭祀有关。要知道，神庙是用来将法老的尸体制成木乃伊的地方。木乃伊制成后，通过一系列的仪式，被运入长长的甬道，再放入金字塔内安息。那么船应该是古埃及人用来进行丧葬仪式的，等仪式过后，船就被运走或是销毁。因为古埃及人崇拜太阳神，船放在神庙边，很可能有超度亡灵的意思。

此外，法老们将自己视作神灵的化身，既然是神，他就要追随众神之王太阳神的脚步，而太阳船则是他们死后追寻太阳神的交通工具。这就跟我们现今社会的丧葬仪式一样，人们会用纸做成各种各样的东西，比如金元宝、马车、家具、纸人奴仆、电视机等等，等祭奠先祖后，这些东西就会以烧毁的方式“寄”给先祖使用，所以古埃及人或许也有这样的想法。

神庙外有船坑，仪式也一定存在，但让人不确定的是，船是否真的存在？这究竟是为了仪式而刻意弄出的船坑印，还是仪式过后人们把船销毁了呢？很多学者认为船是真实存在的，只不过还没有证据，直到有一天金字塔太阳船真的被发现了。

最先发现太阳船的是一个叫卡马尔·埃尔·玛拉赫的埃及人，他是个对考古学感兴趣的工程师。那时，埃及政府有一个计划，就是清理大金字塔附近的碎石瓦砾，玛拉赫是工作人员之一，而且是清理小队的领头人。当他看到大金字塔附近的几个坑印后，直觉告诉他，这里肯定藏着神秘的东西。至于是什么神秘的东西，他自己也弄不清楚。此后，他便开始了清理碎石瓦砾的工作，直到快清理得差不多了，都没有发现什么神秘的东西，这让他的心一下子沉入了湖底。不过有一件事让他有些激动，那就是过去的金字塔是一个被围墙围起来的院落，可惜绝大多数的围墙没能经受住时间的考验，都没有了，不过大金字塔的围墙还在，而且围墙内还有一些神庙。

玛拉赫是个心思细腻的人，他发现围墙的四个面距离大金字塔的距离几乎相等，都在 23.6 米左右。可是在清理南面围墙的时候，他不仅发现地下有个地基，还发现这面墙距离大金字塔约为 18.6 米，也就是比其他墙面近了 5 米。

这个发现让玛拉赫很吃惊，因为古埃及人在建筑学上极其讲究对称，对于数字的计算，误差也小得惊人，所以没道理出现5米那么大的误差呀！这是什么原因造成的？于是他猜测，这有可能是古埃及人有意为之，这里一定掩藏着什么东西。

玛拉赫带着推测，开始用探针在这堵围墙的周围探测着，直到有一天，他在瓦砾泥土下探测到一个比较坚硬的东西。等他再一次探测时，坚硬的东西不见了，探针上只带上了一些红色的泥土，就好似铁生锈的颜色一样。作为一名对考古学感兴趣的建筑师，他立马意识到，这些红色泥土不是自然形成的，而是人工做成的。所以，这地下一定有什么建筑。这个发现让他激动不已，他开始了挖掘、钻探的工作，功夫不负有心人，他终于发现了一块块巨大的石板。

石板下有什么呢？带着好奇心，玛拉赫用钻头在石板上钻出了一个刚好能容纳他身子的缺口，等他进入缺口时，忽然闻到一股淡淡的香味，好似带着远古的气息。之后，他发掘出了大量的木板和绳索。其中有两块木板很像船尾和船头，他猜测这很有可能是一艘被拆散了的船，而他的猜测也得到了专业人员的认同。

玛拉赫毕竟是个工程师，木板和绳索被挖掘出来后，埃及文物部门并没有将拼凑木船的任务交给他，而是交给了一个名叫尤瑟夫的艺术家。

尤瑟有带着艺术家们的通病，脾气古怪，少言寡语，但他还有一个特点，就是十分有耐心。当他对某件事感兴趣时，可以与世隔绝，甚至花上数十年的时间去研究它。恰好，尤瑟夫对拼凑木船的工作很感兴趣。那么，他会拼出一艘什么样的船呢？他并没有急着动手，而是给每块木板的位置编上号。

在拼凑的过程中，尤瑟夫遇到两个问题：首先，这艘木船在制造的时候没有使用任何的钉子，这就意味着，他想拼出木船，不仅需要技术，还需要一定的想象力。因为木板太大，若是一次次地去试着拼凑，必定会耗费许多时间，所以他照着木板的模样制出一块块缩小后的木板。经过一次次的拼接，才显露出一个船的模样。其次，该怎么将木船固定呢？他想到了那些挖掘出来的绳索，他猜测古埃及人就是用这些绳索固定船板的。

经过不断的推敲和拼凑，神秘古老的太阳船终于在尤瑟夫手中诞生了。

说了这么多，我们还不知道，这艘木船为何起名为太阳船？那是因为人们是在金字塔旁边发现它的，且金字塔在古埃及有太阳的意思，所以木船便叫太阳船。太阳船是用雪松木造出来的，可埃及根本就没有雪松的原木，那么这些木头从何而来？经过研究，雪松是古埃及人花大价钱从黎巴嫩运来的。

对于太阳船，随着人们研究得越多，它暴露出来的问题就越多。比如人们之前的猜测，太阳船真的是用来进行丧葬仪式的吗？研究过后，人们发现船板有被水浸泡过的痕迹，所以除了进行丧葬仪式外，它还在埃及的尼罗河上航行过。这里就不难想象了，法老们的尸体被制成木乃伊后，需要通过河流运入金字塔甬道，而河运的工具就是太阳船。最后，太阳船作为陪葬品，被拆散了埋葬在大金字塔旁边。

太阳船是古埃及文明的结晶，对于太阳船，人们需要解开的疑惑还有很多，比如这么庞大的木船，古埃及人是如何造出来的？太阳船上为何没有使用一根钉子？它是如何克服浸水等问题的？

孟斐斯神牛墓之谜

考古学家们探索埃及多年，其中有四个发现最为重大，分别是：少年法老图坦卡蒙的陵墓、德尔巴哈里的帝王谷木乃伊、塔尼斯的王室墓穴以及孟斐斯的地下神牛墓。这一节我们要说的就是神秘莫测的神牛墓。

神牛墓又叫“塞拉皮斯神庙”，是法国人马利耶特偶然发现的。那么，它是怎么被发现的呢?

埃及是个崇拜多神教的国度，而多数神灵都以动物的形象示人。比如女神海梭尔，她的化身为一头栖息在榕树上的母牛；天神赫农是一只羊；托斯是只朱鹭；塞贝克则是只鳄鱼，等等。这些动物神灵想要成为古埃及人崇拜的对象，其实只要满足一定的条件即可。

在孟斐斯城，公牛塞拉皮斯是最有声望的动物神灵，所以它接受的崇拜仪式最为隆重。作为一只活在孟斐斯的被选为塞拉皮斯化身的公牛，它绝对是最幸福的，因为活着时，它有神庙中的牧师喂养，死后也不会被吃掉，而是被人用药剂处理好尸体，举行隆重的仪式后埋葬。接着，又会有同样花色的公牛来接替，成为新的塞拉皮斯。这些动物神灵的墓地庞大，有的一点也不逊于神邸或法老的陵墓，就比如孟斐斯的地下神牛墓。

1848 年，世界最著名的考古学家之一马利耶特来到埃及，他之所以能成为出色的考古学家，不仅是因为他对埃及学和埃及历史感兴趣，更重要的是他有一种保护埃及文物永存世间的信念。来到埃及后，马利耶特发现了一个十分奇怪的现象，无论是埃及官员们豪华的私人花园，还是亚历山大、开罗或是吉萨的一些新的寺庙，里面都雕琢着一模一样的狮身人面像。

那么，这些如出一辙的狮身人面像是从哪儿来的？

要知道，世界上所有的重大发现都存在着偶然性，马利耶特的发现也是如此。

有一天，马利耶特在开罗附近的萨卡拉古城遗址散步，看到不远处的黄沙中埋藏着一个东西，他走近一看，原来是一个露着头部的狮身人面像。它的位置靠近一座梯形金字塔，而这座金字塔正是伊姆荷太普为左塞王建的那座。

埃及历史悠久，马利耶特绝不是第一个看见狮身人面像的人，可他却是第一个发现石像与开罗、亚历山大等一些神庙中的石像相似的人。此外，他还在石像上看到一段碑文，上面记载着关于孟斐斯神牛墓塞拉皮斯的内容。这使他想起了古希腊旅行家斯特拉蓬的一段话：“在孟斐斯有一座塞拉皮斯神庙。那里黄沙遍地，狂风肆意。沙里面有各种各样的斯芬克斯雕像，有些露出头，有些露出半个身子。由此可见，当刮起一阵风沙时，通往神庙的路是多么危险。”

马利耶特心想，斯特拉蓬的这段话不正是在帮助他发现塞拉皮斯神庙吗？眼前这座被黄沙埋着的狮身人面像，加上在亚历山大、开罗看到的另外十五尊雕像，显然组成了一条通往塞拉皮斯神庙的大道。

经过艰辛的考察，马利耶特终于在 1951 年 2 月 11 日那天挖掘到了神牛墓的外围。当他站在清理出来的神牛墓前时，心里除了震撼还有欣慰。

神牛墓的入口处有一座教堂，这是用来暂放公牛遗体的，它规模之大，可以媲美埃及贵族们平顶墓前的教堂。接着，一条长而陡峭的甬道出现，通往一间庞大的墓室，墓室里摆放了无数具公牛的尸体，最早的可以追溯到拉美西斯大帝时期。马利耶特还发现，这些公牛尸体是单独放置在一间间小型墓室内的，这些小墓室沿着通道整齐排列，约有百米长。加上后面挖掘出的托勒密时代墓葬，这条墓道共计有 340 多米长。由此可见，当时的埃及人是多么崇拜神牛。

马利耶特细细查看这些小型墓室，发现每个小墓室内放置了一个打磨光滑且用黑色或红色花岗岩凿成的石棺。石棺高约 3 米，宽约 2 米，长约 4 米，重约 72 吨。可惜的是，许多石棺的盖子早已被人掀去，或是被盗墓贼们粗暴地掠夺走了，以至于他只找到两个完好无缺的石棺。这些盗墓贼像是知道这座神牛墓在将来会被人发现似的，所以没有留下一丝蛛丝马迹，即使有痕迹留下，也被不断流动的黄沙覆盖、淹没。

除了神牛墓外，马利耶特还在狮身人面像的两侧挖出了两座神庙，同时出土了一批举世闻名的珍贵文物。此后，他又在埃德福、卡纳克和德尔巴哈里进行了挖掘工作，收获颇丰。这些文物使人们进一步了解了古埃及宗教文化的怪诞和凶恶，也使人们了解到古埃及人丰富多彩的文化与生活。

几年后，马利耶特在布拉克创建了一座博物馆，里面摆放了许多古埃及珍宝。埃及人为了感谢他，特地在博物馆内建了一尊他的雕像。你看到雕像时，会不由自主地想到马利耶特在守护着这些稀世文物。

众神齐聚的埃及

埃及文明古老而神秘，其中神文化最令人困惑。这是什么原因呢？原来埃及人相信万事万物皆有神灵相附，像大地、天空、太阳、月亮、动物和植物等，所以他们的神系统繁多而杂乱。

在古埃及初始时期，人们主要崇拜的对象是动植物，比如鳄鱼、猫、牛、蛇、甲虫、玉米和藤蔓等等。之后，埃及人又为这些动物设计出人形，但其中有一部仍然保留了动物的头像，就像太阳神阿蒙·拉，他拥有人的身躯、羊的脑袋。第一王朝至第四王朝时，古埃及人主要信仰荷鲁斯神，因为法老们宣称，他们是荷鲁斯在人间的化身。到了第五、第六王朝以后，埃及人又重新崇拜起太阳神。新帝国时代，阿蒙·拉依旧是他们崇拜的主流神灵。

那么，埃及人塑造出的神灵有哪些？这些神灵又有什么职责呢？

据统计，埃及人信仰的神灵多达2000多种，但大致可以分为三类：

第一类是动物神，即外形为某一种动物，典型的代表有阿努比斯、荷鲁斯、哈托尔、托特、索贝克等。

阿努比斯以山犬或胡狼的形象示人，他是死神，也是墓地的守护神。相传，木乃伊就是他创造出来的。而他的职责是带领死者的灵魂去审判地，并监督审判的公平性，以免亡灵经历第二次死亡。荷鲁斯的外形为一只巨鹰，他是王权的守护者，通常埃及法老被视为荷鲁斯在人间的化身。哈托尔是代表“爱”与“丰饶”的女神，也是埃及所有女神中最美丽的，她能幻化为母牛。据说，她是埃及最古老的女神之一，希腊文中曾提及过她是天空女神，但在埃及底比斯城，人们一般认为她是爱、舞、酒和外国之神。托特是算数和智慧之神，文字就是他发明的，他外形多变，可以是一只红鹭，也可以是一只狒狒。索贝克则为鳄鱼神。

第二类是人形形态的神，典型代表有卜塔、奥西里斯、伊希斯、奈芙缇丝等。

卜塔是万物的创造者，他负责守护法老、王族和臣子，是孟斐斯城的主神。他通常以戴着无边帽且长有胡子的木乃伊形象示人，手中握有代表“安定”的权杖。奥西里斯是埃及最常见的一位神灵，他的身份有多重：身为丰饶之神时，他赐予埃及文明；身为冥界之王时，他负责审判人死后是否能得到永生。在金字塔的壁画或陪葬品中，我们时常能看到他的形象，若是他的脸上涂有绿色的颜料，那就代表他正在复活或是已经复活。人们崇拜他的仪式起源于阿拜多斯，因此那里建立了许多有关他的神庙。据记载，古埃及人崇拜他的巅峰时刻是在中王国以后，而在第十八王朝到晚期的埃及，他成为最广泛崇拜的神邸。伊希斯是位女神，她是矛盾的结合体，不仅守护死者，也守护生者的生命与健康。可以说，她是最受古埃及人欢迎的女神之一，因为人们相信她是宇宙间神力最强的神灵。另外，她的背景很强大，不仅是荷鲁斯之母，还是奥西里斯的妻子、奈芙缇丝的姊妹。至于奈芙缇丝，她也是守护死者的女神。

第三类是神灵是由抽象的概念拟人化后产生的，典型代表有玛特。

玛特是维持正义、秩序的女神，她的头上佩戴着刻有她名字的羽毛。每当冥界执行审判时，都会将她的羽毛和死者的心脏各放在审判用的天平两边，若心脏重于羽毛，死者则会下地狱，反之则能上天堂。因此，玛特成了“道德”的代名词，古埃及人在为人处世时都会想到她，以此来约束自己不道德的行为。

此外，古埃及还有一个十分著名的神系统——九柱天神系统。

九柱神出现在公元前2700多年以前，古埃及人主要以图形和文字的方式叙述他们。通过这个系统，我们可以弄明白埃及神灵间的复杂关系。

据说，阿托姆是最初的神，她生下了一对双胞胎兄妹，即空气之神休和湖泊女神泰芙努特。两位神灵结合后，又生下了一对双胞胎兄妹，他们是地神盖布（男）和天神努特（女）。两人结合后再度孕育出第四代神灵，有两男两女，男神为奥西里斯和赛特，女神为伊希斯和奈芙缇丝。此后，奥西里斯与伊希斯生育出荷鲁斯，赛特和奈芙缇丝生育出阿努比斯。此处还有个神话传说，据说埃及最初的国王是奥西里斯，但赛特为争夺王位谋害了兄长。荷鲁斯长大成人后，又杀了赛特为父亲报仇，成为埃及的新王，至于奥西里斯，他则成了冥界的统治者。

古埃及作为一个历史文明源远流长的国度，诞生出来的神话传说数不胜数，这些神话中有些至今还被人们津津乐道。只是古埃及人为什么会崇拜这些代表着各种意义的神灵呢？这里主要有三方面因素：

第一，对绿洲文化的崇拜。

在古埃及文化中，神灵与人共存，两者能相互影响，而自然界也被赋予了神圣的色彩。比如尼罗河水、海洋、星空、沙漠等，这些地方都存在着各种各样的神灵与生灵。而在当时，古埃及是一个封闭的大国，沙漠将这个国家圈住了一大半。这种环境最缺乏的就是水资源，这使当时的古埃及人极其向往绿洲，羡慕那些生长在绿洲中的动物与植物。

考古学家们在埃及发现了一封十分古老的书信，信中这样写着：“你不能踏上去麦格的路，那里昏天黑地，松树耸立，森林里还有奔跑的狮子、凶狠的豹子和鬣狗，你会吓得魂不附体。瞧，你的头发都因恐惧而竖立了。你前进的路上铺满了石块，长满了芦苇和荆棘，你无路可行。”

由此可见，人们对绿洲充满了向往，在对那些动植物羡慕的同时又感到畏惧，这才让他们衍生出了崇拜之心。再来，沙漠中也有动植物，这类动植物表现出顽强的生命力，古埃及人出于敬佩，崇拜它们也理所当然。

在众多神灵中，药神赛克美特的地位极高，而她的名字在埃及语中是“强大”、“无所不能”的意思。她头顶太阳环，与太阳神拉一样，可以幻化成狮子与眼镜蛇，这都能表现出她强大的力量。另外，奥西里斯除了是冥神外，也代表着丰收和富饶。这些神灵表现出来的力量正是古埃及人所渴望的。

第二，古埃及人象征性的思维。

著名的唯心论哲学家黑格尔认为，生命高于一切，因为有生命的有机物有一种由外在形状指出的内在的东西。因为是内在，所以才神秘和隐蔽。古埃及人崇拜神灵，可以理解为对内在隐蔽事物的影射。也就是说，古埃及人赋予了每一种动植物含义，就比如狮子，它代表着力量和王权，狒狒代表着智慧，公牛、羚羊代表着家庭兴旺。而其象征性思维则体现在神的形象中，他们不是给动物的头颅下加上人的身躯，就是在人头上加上动物的身体。

第三，和谐共生的自然观。

在古埃及宗教中，最重要的一个观念就是，人与神与自然和谐共生。

埃及神文化是古埃及人的另一种文明，他们能够创造出这种复杂多变、神秘莫测的神灵体系，足见他们的智慧有多深，文明底蕴有多丰厚。

神灵的栖息地——神庙

古埃及是个崇拜多神教的国家，那么古埃及人是怎么安置这些神灵的呢？纵观埃及的每个城市，几乎都有庙宇的存在，而这些庙宇就是古埃及神灵的栖息地。

这些庙宇被称为“神庙”，因为它是人与神交流的地方。据说，所有的神庙都要保持干净与整洁，否则神灵会弃之而去，从而导致埃及出现大动乱。所以，埃及的几乎每座神庙都干净得一尘不染。这些神庙好似一个中心点，以点辐射出了许多建筑群，有诊所、厨房、神庙大学、图书馆等等，为生活或是在当地工作的人提供了便捷的服务。

在艺术上，古埃及人比较传统、现实，他们并不去追求抽象的观念。所以在神庙的装饰上，他们会以浮雕和绘画为主，表现出来的内容为一部编年史，记述了法老远征时所进行的军事会议、狩猎、激战、凯旋等事件。如今在埃及现存的神庙遗址中，人们还能看见那些激动人心的浮雕与绘画，有法老驾着战车横扫敌军，有法老带着私人守卫在沙漠中狩猎，有法老正受子民们的膜拜……总之，绝大多数是宣扬法老们威震四方的形象的。

埃及的神庙由两部分组成，分别是外神庙和内神庙。有时候外神庙对公众开放，而内神庙只让接受过深入学识的人进出，比如法老、祭司。法老是神灵在人间的化身，是神庙的最高祭司，每当履行神职或举办普通的仪式时，他会专门指派一些高级祭司和普通祭司来代替他完成，这些被指派的祭司则是神灵的奴仆。每当古埃及人要膜拜神灵时，他们会将祭品放在外神庙。若是要膜拜内神庙的神灵，他们只能将祭品交给祭司，再由祭司拿入内神庙。在这里，祭司还有一个职责，就是回答信徒们写在陶片上的各种问题，就好似寺庙内的高僧为信徒们讲解佛经，排忧解惑。每到庆典的时候，祭司会将神灵的雕像抬出神庙，供信徒们一睹神邸的风采。不过，在通常情况下，神像都被鸵鸟的羽毛遮盖着。

那么，古埃及有哪些神庙呢？比较知名的有卡纳克神庙、阿布辛贝尔大神庙、得尔拜赫里神庙、底比斯遗址，以及拉美西斯二世、三世神庙。

卡纳克神庙是埃及最大的神庙，可以装下整个巴黎圣母院，它也是底比斯城最古老的神庙，经历了漫长的修建期。这座神庙被砖墙隔成三部分，中间部分面积最大，保存得最完整，供奉着太阳神阿蒙·拉。左边和右边分别供奉着拉的儿子柯恩斯神和妻子穆特神。此外，这座神庙的周围还有一些小型的神庙，比如孔斯神庙等。

地球上最大的用来支撑建筑的石柱就在卡纳克神庙内，这些石柱被分为16排，共有134根。每根石柱高达21米，直径约3.6米，柱子上布满了石雕和彩绘。试想一下，你站在空旷的卡纳克神庙内看着这些高高耸立的石柱时，有没有一种被震撼到的感觉呢？

阿布辛贝尔大神庙是古埃及第十九王朝的拉美西斯二世法老为自己建造的，里面供奉着太阳神阿蒙·拉以及另外两位神灵。神庙前有四座照着法老容貌雕刻的巨型石像，每座高约20米。在特定的日子里，阳光通过神庙内的甬道照在石像上，就好像石像会发出神圣的光芒一样。在神庙的旁边还有一座规模稍小的神庙，它是献给法老之妻的，里面供奉着女神哈托尔。阿布辛贝尔大神庙是力量的象征，人们猜测，它的存在是用来震慑那些想要入侵埃及的敌人的。不幸的是，它坐落于尼罗河畔，若是水位上涨，很有可能被淹没。

得尔拜赫里神庙是为古埃及第一位女法老哈特谢普苏特建造的，由当时著名的建筑师塞勒姆特设计。神庙内处处都是精致的浮雕装饰，而神庙下是成排的斯芬克斯石像，它们好像在恭迎女法老。另外，露台上还有一座面带微笑的奥西里斯神像。如今，这些石像一部分被开罗博物馆收藏，一部分被纽约大都市博物馆收藏。

拉美西斯二世神庙是一座令人惊叹的墓葬庙，建立在塞提一世法老废庙的旁边。这座神庙距离尼罗河太近，洪水给了它致命一击。如今，它只有第一庭院的柱廊还算完整，而第二庭院被高达 17 米、重约 1000 吨的拉美西斯石像压成了废墟。拉美西斯三世神庙被一座高墙包围着，好似一座亚洲的堡垒。神庙的第一塔门通向一座宽阔的庭院，里面排列着数座拉美西斯三世、奥西里斯神的雕像。第二塔门通向列柱厅，里面的圆柱很有特色。第三塔门连接的也是一个多柱大厅。神庙内除了浮雕外，还放置着外国俘虏的人头，人们猜测，这很有可能是法老掌控叙利亚和努比亚的象征。

埃及的神庙远远不止这些，或许在将来，人们还会挖掘出更多的神庙。

法老们的安息地——帝王谷

在埃及，有这么一个令人费解的现象，那就是金字塔作为法老的陵墓，为何人们没有在里面发现他们的木乃伊呢？难道是被盗墓者偷走了吗？人们经过多年的探索后发现，原来法老们的木乃伊绝大多数埋在帝王谷。

帝王谷即法老们的安息地，它与金字塔、狮身人面像一样名声在外，是一个令无数旅游者向往的地方。它位于尼罗河西岸、距离古埃及都城底比斯遗址不远处的一片荒无人烟的石灰岩大峡谷中。几个世纪以来，法老们命人在那断崖峭壁上开凿墓室，以便用来存放自己的遗体。

这处雄伟的墓葬群建于埃及第十七王朝到第二十王朝之间，共有60多座帝王陵，里面埋葬着64位法老，比较著名的有图特摩斯三世、阿蒙霍特普二世、塞提一世、拉美西斯二世等。其中数塞提一世法老的陵墓最大，它从入口到最后的墓室约有210米长，垂直深度约45米，是由一个巨大的岩石洞挖掘而成的，犹如一个地下宫殿，内部装饰奢华，处处可见壁画。

那么，哪位法老是帝王谷的初建者呢？目前，考古界还没有给出一个明确的答案，但比较可靠的说法是，图特摩斯一世法老是帝王谷的始建者。

据说，图特摩斯一世之前的法老们的金字塔均遭到了严重的破坏，不仅珍贵的陪葬品被盗走，就连尸体也被拖出了金字塔。图特摩斯一世未避免死后受到同样的侵害，便决定把自己的陵墓和殡葬礼堂分开，这在埃及法老中是史无前例的。他命令建筑大师依南尼在底比斯山寻一处隐蔽的断崖，然后在断崖上开凿了一个坡度陡峭的墓穴，他的木乃伊就安放在墓穴内。比较庆幸的是，依南尼记录了施工的过程，在他本人的殡葬礼堂的墙壁上有这么一句话：“国王的墓地是我一个人监修的，没有人听过或见过。”

现代考古学家霍华德·卡特依此对依南尼的施工状况做出了推测，他说：“就图特摩斯一世的墓地规模来看，当时有100多名工人参与了修建工作。可是依南尼却说墓地是他一人修建的，那么只有这样一个可能，那就是参与修建墓地的工人全是战俘，工程结束后，他们都被秘密处死了。”

真相究竟如何？恐怕只有依南尼自己清楚。在此后的500年间，法老们纷纷效仿图特摩斯一世，这才造就了如今帝王谷的规模。后来，希腊人称这种岩穴陵墓为“笛穴”，因为那一条条长长的通往墓室的隧道就像牧童吹奏的长笛。

看到这里，我们心中不禁会有这么一个疑问：图特摩斯一世是为了防止陵墓被盗才将墓穴建在帝王谷的，那么帝王谷有受到盗墓贼的光顾或破坏吗？

答案是肯定的，帝王谷注定是盗墓贼的天堂。

在那些盗墓贼看来，帝王谷的每一座陵墓都藏着数不尽的财富，这对他们来说无疑是最大的诱惑。此外，谷内的陵墓都很集中，这更为盗墓贼提供了方便。不知从什么时候起，成群结队的盗墓贼汇聚帝王谷，他们光明正大地盗取陪葬品，就连当时的政府也参与其中。从现存的资料看，我们不知道托特米斯一世法老的木乃伊在帝王谷中平安度过了多少年，但却知道他的子孙托特米斯四世下葬不到10年，陵墓内的陪葬品就被盗取一空，更张狂的是，盗墓贼还在他陵墓的墙壁上留言挑衅。

可以说，在图特摩斯一世之后的500年里，每一座陵墓都受到了盗墓贼的光顾。这导致之后的法老们不得不一次次迁移祖先的墓穴，比如拉美西斯三世，他的木乃伊被先后迁移了 3 次，阿门诺菲斯三世、图特摩斯二世等法老们的木乃伊也都被更换了墓葬地。到了最后，可能是再也找不到适合的墓葬点了，法老们的木乃伊被成堆地放在了一起。1881 年，人们在一个隐蔽的洞穴内发现了 40 多具法老的木乃伊！

时光流逝，朝代更易，几千年后帝王谷早已破败不堪，变成狐狸、蝙蝠等动物的巢穴。即便如此，盗墓贼们还是坚持不懈地光顾了一遍又一遍，直到 19 世纪还有盗墓贼在这里活动。如此长时间、大规模的盗墓活动恐怕也是史无前例。

当然，人们对于帝王谷探索与发现的历程，也可以算得上是一部史诗巨作了。

公元前 1 世纪，有资料记载，当时在底比斯发现的王室墓葬共有 47 处，其中有 17 处保存得非常完整。许多古代作家在所著的书中都提到过帝王谷陵墓的状况，墓穴内也存在着许多古代旅游者的涂鸦。朱尔斯·巴耶找到了 2100 多处涂鸦，其中最多的涂鸦为希腊和拉丁文，也有少量的腓尼基文、塞浦路斯文、吕基亚文等等。这些古代涂鸦多数是在被命名为 KV9 的墓穴中发现的，最早可追溯到公元前 278 年。

在 19 世纪之前，交通尚不发达，人们从埃及前往底比斯是一件很苦难的事，不仅耗费时间，而且需要花费大笔费用，所以只有最刻苦耐劳的旅行家们才会付诸行动。1726 年，法国神父克劳德·西卡尔来到底比斯，在他之前没有人知道这个地方，因为人们常常把它与孟斐斯等城市弄混淆。丹麦的费雷德里克·路易·诺登也是最早来埃及的探险家，他记录了在底比斯看到的一切。之后到达的是探险家理查·波寇克，他还在 1743 年出版了第一幅帝王谷的地图。1799 年，拿破仑带着军队远征埃及，当时随军军队中有一位叫德农的男爵，他不仅画出了帝王谷的地图，还记录了阿蒙霍普特三世法老的墓地——西谷。

到了 19 世纪初，随着人们对埃及象形文字的翻译，底比斯附近的地区也逐渐成了各界学者的研究地。19 世纪早期，人们发现了若干陵墓，包括西谷的阿伊墓和塞提一世的陵墓。1827 年，一个名叫约翰·伽德纳·威尔金逊的考古学家为这些陵墓绘画入口，并定下编号，编号由 KV1 到 KV21，从 1830 年出版的《底比斯地形图及埃及的全面研究》一书中可以了解到这些陵墓的具体状况。同一时刻，著名的埃及学专家詹姆士·伯顿也在探测帝王谷，他的工作是保证编号为 KV17 的陵墓免遭尼罗河泛滥时的侵害和进入 KV15 号陵墓考察。1829 年，历史学家商博良、伊波利托·罗塞里尼及涅斯托耳·洛特三人来到帝王谷，在持续两个月的探索中，他们做了许多工作，比如研究了 16 个陵墓，复制了陵墓中的铭文，将一部分从 KV17 号陵墓中挖掘的墙壁雕饰带去巴黎罗浮宫展览等等。1845—1846 年，考古学家将绝大多数时间放在了研究帝王谷东谷的 25 座陵墓和西谷的 4 座陵墓上。

现如今，帝王谷成了旅游景区，许多陵墓都被重新修葺过。其中对外开放的几个著名陵墓有图坦卡蒙墓、拉美西斯三世墓、塞提一世墓等等。

与帝王谷相对应的是王后谷。

王后谷距离帝王谷很近，地处岩石山的西边。目前人们探测到王后谷中共有 70 多座陵墓，里面埋葬着古埃及第十八王朝至二十王朝的王后、王妃、王子、公主以及大臣。与帝王谷相比，王后谷不论在规模还是装饰上都稍逊一筹。

王后谷中有三座陵墓最为著名，分别是哈特谢普苏特墓、拉法塔丽之墓和阿蒙·海尔·科普赛夫王子墓。

哈特谢普苏特是埃及史上著名的女法老，也是埃及第一位女法老。她身份尊贵，是第十八王朝图特摩斯一世法老的女儿。她的陵墓位于底比斯城的最北端，建于悬崖峭壁之上。整个陵墓分为三层，里面有许多富含深意的浮雕，比如在没有成为女法老之前，她帮助自己病弱的丈夫处理朝政，当上法老后则与索马里地区进行商贸交易等等。哈特谢普苏特死后，不仅她的陵墓，就连底比斯城所有关于她的雕像、史记都被继位的图特摩斯三世毁掉了。

拉法塔丽之墓是全埃及最漂亮的陵墓之一。那么，拉法塔丽是谁？她是古埃及第十九王朝拉西美斯二世法老的王后。据说，拉法塔丽长得十分漂亮，极受拉美西斯二世的宠爱。在阿布迪巴神庙的旁边，这位伟大的法老还专门为她建立了一座规模稍小的陵墓。如今在埃及，人们依旧可以看到参照她的容貌制成的工艺品、雕塑、耳环、项链等等。

拉法塔丽之墓的考古价值仅次于图坦卡蒙之墓。这座墓内有许多保存完整的壁画，精致无比，美轮美奂，其中有一幅最吸引人，表现的是拉法塔丽头戴金冠，身穿白袍，在众神的陪伴下跳着优美的舞姿的画面。慕名前去观光的游客不计其数，但是考虑到对陵墓的保护，当地每天只接待数百位游客，且每人只有 10 分钟的参观时间。

阿蒙·海尔·科普赛夫是第十九王朝拉美西斯三世的儿子，据说他死于一场瘟疫。人们挖掘他的陵墓后，便将他的木乃伊从石棺中转移出来。如今，你可以在陵墓主墓室的一个角落中看到他的遗体，那是一个被装在玻璃柜中年仅 6 个月大的婴儿木乃伊。这具婴儿木乃伊距今有 3000 多年的历史，它能保存得如此完整，不得不说是个奇迹。

埃及是尼罗河的赠礼

古埃及文明源远流长，那么它是如何诞生的？它在历史的长河中又经历了什么？

埃及位于非洲东北部、尼罗河的下游，东有阿拉伯沙漠，西有撒哈拉沙漠，北有地中海。由于它处在北回归线附近，因此常受到副热带高气压带的控制，不仅气候炎热，降水量也很少。从地理位置和气候条件来看，埃及本身不具备形成早期文明的先天条件，而它后来成为闻名世界的伟大国度，全靠世界上最长的河流——尼罗河。

尼罗河贯穿整个埃及，使埃及成为沙漠中的绿洲，正如希腊学者希罗多德所说："埃及是尼罗河的赠礼。"尼罗河由维多利亚附近的白尼罗河和埃塞俄比亚的青尼罗河汇聚而成，每年的 7 月到 11 月会进入汛期，河水泛滥，不仅成为埃及两岸灌溉的水源，还给当地带来了大量的有机质和矿物质，这些物质沉淀后变为肥沃的黑土。

在这片神奇的土地上，埃及先民们不断繁衍生息，最后创造了辉煌灿烂的古埃及文明。而古埃及人也称自己的国家为"凯麦特"，意为"黑土地"。

据考究，埃及人来自非洲东北部，因为天气恶劣干燥，他们于公元前 2.5 万年来到尼罗河附近定居。在中石器时代，越来越多的人汇聚在尼罗河两岸，以捕鱼和采集的方式自给自足。公元前3500年—前3100年，埃及逐渐进入文明社会，首领们划分土地，从而出现了最早的统治区“州”，随后演变成独立的奴隶制小国。为了争夺更多的土地、水源、人口和财富，小国之间战争不断。经过漫长的兼并战争，两个大国最终诞生，即南部的上埃及王国和北部的下埃及王国。最后，兵力强盛的上埃及打败了下埃及，这才使得埃及统一。

法老们从公元前3100年开始掌控埃及，于公元前332年结束。古埃及的祭祀曼尼托根据埃及历史，将其划分为31个（或30个）王朝。

第一王朝：公元前3200年—前2850年，从美尼斯法老到最后一位法老，共有8位法老，其中美尼斯统一了上、下埃及，开启了法老的统治时代。

第二王朝：公元前2850年—前2686年，从霍特普司克摩伊到卡斯克摩，共有6位法老。

第三王朝：公元前2686年—前2613年，从纳特里克特·吉塞到胡尼，共有5位国王。著名的建筑大师、作家兼学者伊姆何太普就诞生于这个时期，金字塔也由此开启了演变史。此外，这个时代是中央集权君主制发展最迅猛的时期，君主们定都孟斐斯，并指派总督统治各省。

第四王朝：公元前2613年—前2494年，从斯内夫卢到斯克普斯卡夫，其间有6—7位法老。这个时代诞生了胡夫金字塔、卡夫拉金字塔等宏伟建筑，从达夏尔、梅顿和吉萨修建的金字塔规模来看，这个时代为法老王们统治的巅峰时代，不仅治国有方，而且经济空前繁荣。

第五王朝：公元前2494年—前2345年，从乌斯卡夫到乌纳斯，共有9位法老。最著名的是萨胡拉法老，他开凿了地中海和红海的运河，并建立了一支庞大的舰队，还带领军队南征北战，为埃及开辟了不少疆土。同时，“太阳崇拜意识”迅速发展，这一点从萨卡拉的乌尼斯金字塔墙面上刻着的歌颂太阳神的铭文中可以看出。

第六王朝：公元前2345年—前2181年，从泰蒂一世到女王尼托克里斯，共有7位国王。妮克托里斯是已知的古埃及历史上第一位掌控国家政权的女人。据说，她原本是一位公主，国王哥哥被谋杀后才被推上了王位。这位女王为了给哥哥报仇，设计了精密的计划，她以庆祝新建的地下室完工为借口，邀请那些谋杀她哥哥的人参加典礼，然后乘机将河水引入地下室，淹死了那些人。当然，事情是真是假，人们已无从考证。此外，这个时期无论是文治还是武治都显赫一时，但在后期却爆发了内乱，主要是因为一些省督们权力膨胀，不满足于当前的统治。

第七王朝：这是一个短暂的王朝，法老只统治了70天。

第八王朝：公元前2181年—前2130年，这个时期缺乏史实资料，其间有8—27位法老，但名字未知。

第九到第十王朝：北方公元前2130年—前2040年，其间有6位法老，有3位法老的名字叫凯蒂。

第十一王朝：南方公元前2130年—前2040年，共有3位法老。公元前2050年，蒙图霍特普二世统一了整个埃及。底比斯城是这位法老的故乡，虽然城市地位越来越高，但却不足以取代孟斐斯，法老为了维护统治，只能在两个城间来回居住。这个时期，中央集权也在逐渐恢复生机。

第十一王朝末期：公元前2060年—前2000年，统治者为法老王蒙图霍特普三世。

第十二王朝：公元前2000年—前1786年，其间有7位法老。最后一位统治者是塞贝克内菲卢雷女王。这个时代的局势很不稳定，总在和平与动乱中徘徊，各方势力的膨胀致使埃及分裂为多个诸侯国，而传承下来的底比斯政权也被毁灭。

第十三到第十四王朝：公元前1786年—前1674年，这个时代经历了40

位法老，其中有几名都叫塞贝霍特普。这些国王有很多是外来统治者的封臣。

第十五到第十六王朝：公元前 1674 年—前 1567 年。

第十七王朝：公元前 1674 年—前 1567 年，底比斯城和周围地区由 10 位法老统治，他们也是外来统治者的封臣，其间还与入侵者们战斗过。

第十八王朝：公元前 1567 年—前 1320 年，这个王朝经历了 14 位君主，其中有 4 位图特摩斯。比较著名的法老有进行宗教改革的阿肯那顿和死因成谜的少年法老王图坦卡蒙。

第十九王朝：公元前 1320 年—前 1200 年，其间有 9 位拉美西斯王族法老，包括拉美西斯一世、二世和塞缇一世、二世。

第二十王朝：公元前 1200 年—前 1086 年，共有 10 位君主，除了第一位名叫赛特纳克特之外，其余都叫拉美西斯。

第二十一王朝：公元前 1085 年—前 945 年。

古埃及文明在地域和时间上都有划分，地域上是指尼罗河第一瀑布至三角洲地区，而时间上是指公元前 5000 年到公元 642 年，所以之后的王朝不属于古埃及文明范畴，因为后期埃及的统治权都落入了外族的手中，比如波斯、希腊、罗马等。

后来，德国的列普修斯根据曼尼托的王朝体系又提出了一种新的分期法：

1. 金石并用时期为前王朝时期（约公元前 4500 年—前 3100 年）

这一时期又可分为两个时期：首先是涅伽达文化 I 时期，又称为“阿姆拉特时期”，时间划分约在公元前 4000 年—前 3500 年。这个时期的社会很不稳定，存在着战争，但萌芽出了私有制和阶级关系。这个时期早期的陶器上刻着代表“私人所有”的符号，到了后期时，陶器上刻着一个红色王冠或是画着荷鲁斯鹰神。由此可见，王权也在逐渐萌芽。

其次是涅伽达文化 II 时期，又称为“格尔塞时期”，时间划分约在公元前

3500年—前3100年。此时，私有制和阶级关系已经形成。从这时期的墓葬情况可以看出，一些地区的阶级分化十分严重。如希拉康波，从那里出土的壁画上有许多关于战争的场面，这可能影射出陵墓主人生前的一些活动；格柏林出土的纺织品上也画着贵族与平民的生活。后期时，埃及出现了许多人口稀少的小国。

2. 第一至第二王朝为早王朝时期（约公元前3100年—前2686年）

埃及在小国间不断的兼并战争中统一。

3. 第三至第六王朝为古王国时期（约公元前2686年—前2181年）

这个时期，农业、司法、建筑、艺术、科技等方面取得了惊人的进步，因此经济富裕，国家有盈余，法老们也开始兴建金字塔。后期时，法老权力下降，地方统治者开始挑战法老的权威。于是，国家陷入了长达140多年的饥饿和动荡。

4. 第七至第十王朝为第一中间期（约公元前2181年—前2040年）

这个时期，中央政府崩溃，社会经济混乱。地方统治者不仅不帮助国王化解危机，还因为食物和资源的短缺发生小规模内战。并且，地方统治者不再向法老进贡，而开始争夺土地，发展各自的势力。到了公元前2160年，耶拉孔波利斯统一了下埃及，而底比斯的因提夫家族统一了上埃及。上、下埃及战乱不断，直到公元前2055年左右，蒙图霍特普二世法老才统一了整个埃及，开创了经济和文化复兴的新时期。

5. 第十一至第十四王朝为中王国时期（约公元前2040年—前1786年）

这个时期的法老们恢复了国家的稳定与繁荣，艺术、宗教、文学和纪念性建筑的修建工程也在有条不紊地进行着。

6. 第十五至第十七王朝为第二中间期（约公元前1786年—前1567年）

约公元前1650年，中王国开始衰落，权力落在了居住在三角洲东部城市阿瓦瑞斯的亚洲移民手中，他们还逼迫中央政府迁去底比斯城。法老不仅失去了埃及的控制权，还要称臣纳贡。这些外来统治者们效仿埃及的统治模式，占地为王，也自称为法老。不过，他们入侵埃及的同时，也给埃及带来了西亚军事技术，这对埃及产生了重要影响。

至于迁都底比斯的法老，在沉寂了 100 多年后，终于在公元前 1555 年起兵攻打外来统治者。这场战争持续了 30 多年，最终埃及法老胜利，而外来统治者也退出了埃及的历史舞台。

7. 第十八至第二十王朝为新王国时期（约公元前 1567 年—前 1085 年）

或许是被外来统治者欺压了许多年，新王国的法老们得到统治权后开始注重维护边境安全，更与邻国建立外交，打造出了一个空前繁荣的时代。后来，赫梯王朝入侵埃及，伟大的军事领袖拉美西斯二世带兵抵抗，这场战役双方死伤惨重。不过，最终还是埃及取得胜利，两方签订了和平协议。后来，利比亚人入侵埃及，即使埃及顽强抵抗，也失去了叙利亚和巴基斯坦的控制权。此外，神殿祭司的权力太过膨胀，最终导致国家分裂。

8. 第二十一至二十五王朝为第三中间期（约公元前 1085 年—前 664 年）

公元前 1078 年，拉美西斯十一世去世，斯蒙迪斯一世法老取得了埃及北方的统治权，而南方的统治权则落在了底比斯阿蒙神庙大祭司的手中。同时，利比亚人定居于三角洲西部，利比亚王子舍顺克一世建立了利比亚王朝。为了获得埃及南方的统治权，舍顺克家族安排本家人担任阿蒙神庙的大祭司。利比亚统治腐朽后，努比亚的库施王国入侵北方，占领底比斯，并取得了三角洲的统治权。

这时期结束时，埃及已经失去了影响力。公元前 671 年起，亚述人开始攻打埃及，虽然埃及取得了几次胜利，但还是战败了。后来，亚述人将库施人赶回了努比亚，他们不仅占领了孟斐斯，还洗劫了底比斯的神庙。

9. 第二十六至第三十一王朝为后王朝时期（约公元前 664 年—前 332 年）

这一时期，埃及的统治者们统称为“赛特王”。公元前 653 年，赛特王普萨美提克一世与希腊雇佣军达成共识，赶走了亚述人，并在希腊人的帮助下建立了埃及的第一支海军。希腊人开始大规模迁入埃及，并在埃及建立了集中居住地。公元前 525 年，波斯帝国征服了埃及，波斯国王冈比西斯二世采用法老的称号统治埃及，并将埃及划分为总督区。直到第三十一王朝时，波斯人对埃及的统治权才落到希腊亚历山大大帝的手中。

10. 马其顿希腊人和罗马人统治时期（公元前 332 年—公元 642 年）

亚历山大的继承者托勒密在埃及建立托勒密王朝，这个时期埃及文明与希腊文明的许多传统相融合，其中最具代表的就是神文化。这期间，托勒密王朝动荡不安，随着托勒密四世的死亡，内乱终于爆发，统治权被入侵的罗马人取代。

埃及经历了奴隶制国家形成、王国重建和帝国崛起，但最后还是衰落了，并被外族人统治。

古埃及人种族起源之谜

在这颗蔚蓝色的星球上，人类存在了数百万年。而人类起源和种族诞生的问题，仍然是充满争议的课题。古埃及人在尼罗河流域创建了辉煌璀璨的文明，向人们展示着其古老而丰厚的底蕴。只是，古埃及人属于哪个种族？他们来自何方？

众所周知，因为尼罗河流域，古埃及文明才能诞生，而现代埃及的发源地在尼罗河畔的古埃及孟斐斯城。时至今日，人们还没有在埃及境内发现早期人类活动的化石，不过却在尼罗河地区和利比亚高原发现了一些旧石器时代的产物。据鉴定，这些产物最早能追溯到六七十万年以前，有的甚至有百万年的历史，但尼罗河出现居民是在数万年以前。由此看来，古埃及人并非发源于尼罗河畔。

此外，在古埃及遗址的雕塑中，似乎也能发现一些他们属于何种族的线索：在第四王朝初期的作品《阿蒙霍特普夫妇中》，法老阿蒙霍特普的皮肤为棕褐色，而他妻子的肤色则为浅黄色。由此可见，古埃及人种十分复杂。

长久以来，史学界和考古界也因古埃及种族的问题一直争论不休。

有人认为，古埃及人属于非洲黑人。他们甚至认为人类有一个共同的祖先，而早期人类也只有一个人种，那就是非洲的尼格罗人。

人类首次出现于非洲的尼罗河，因为当时的北非环境并非如现在这般恶劣。那时候的北非气候温暖，雨水充沛，平原上森林遍布，到处都是珍奇动物，以至于当时的居民以捕鱼、狩猎为生。按照格洛吉尔氏定律，在气候温暖潮湿的环境中，动物进化时会分泌出一种黑色素，人类也不例外。由此推断，最初的人类只有一个种族。

持这观点的人提出，人类就是从这个原始地区朝世界各地扩散的，途径有两种：尼罗河流域和撒哈拉区域。尼罗河流域的扩散路线自南向北，时间约在旧石器时代早期和新石器时代之间。证据是：人们在马里埃塔发掘出了数具木乃伊，这些木乃伊的皮肤聚集着相当多的黑色素。此外，希腊和拉丁的一些学者也在他们的著作中将古埃及人描写为尼格罗人，比如亚里士多德、希罗多德、阿基里斯、安米亚努斯等等。《圣经》中也曾提到古埃及人是黑种非洲人。

也有人认为，古埃及人属于白种人，尽管他们的身上带有黑色素，而尼格罗人是在古埃及第十八王朝以后才出现的。证据是：人们在古埃及神庙遗址中找到了一幅壁画，壁画上是两排非洲俘虏，一排是黑人，另一排种族难定。单从这块壁画来看，就知道古埃及人种问题并非人类想象的那么简单。

还有人认为古埃及人是混血。持这种观点的人指出，人类想要在一个遍地野兽、荆棘丛生的河谷中定居，并不是一天就能完成的，可能需要几千年的时间来训练、适应。但是这期间存在许多变数，比如气候恶劣、人类密度增高等，这些都迫使他们寻求新的资源和安全的环境。尼罗河谷作为一个环境安全、资源充沛的地区，无疑是人类最佳的迁徙地。所以，不仅非洲人迁来此处，一些中东地区的人们也愿意长途跋涉而来，如此就造成了尼罗河人口的多元化。此外，一些科学家曾对尼罗河挖掘出来的十分古老的居民遗骸进行了研究，他们发现，这些遗骸属于克鲁马浓人、亚美种人、尼格罗种人以及卢科德姆人等。由此可见，当时生活在古埃及的并非一个种族。从人们挖掘的艺术品来看，其风格也百家争鸣，就如肖像作品：有些肖像上的人物颧骨高耸；有些身体肥胖，嘴唇外卷；有些鼻子扁平，嘴唇较厚等等。从这些人物的外貌特征看，他们就不属于同一个种族。

当然，这些观点只是人们的猜测，直到现在，人类都没有得到确切的答案。恐怕在很长时间内，这个谜团会一直困扰着人类。

不会逃走的奴隶

纵观世界文明古国，在其发展的历程中都出现过奴隶制，古埃及也是如此。在一些古埃及作家的作品中，奴隶被称为“不会逃走的奴隶”。这是怎么回事呢？古埃及奴隶有着怎样的命运？

古埃及的奴隶制发展得比较复杂，在法老统治时期，还没有“奴隶”这个称呼，而奴隶也是为贵族、神庙和法老所有，他们居住在“那什之家”，其实就是专门关押奴隶的土牢。奴隶们的工作也比较单一，不是从事农业生产，就是修建建筑或为神庙打杂。后来，埃及被外族人统治，在希腊人统治的这段时间内，他们不仅在埃及建立了许多商业城市，还建立了希腊人集中居住地，这些地区奴隶的境况与其他地区不同。希腊人统治的前期和后期，奴隶的命运也发生了翻天覆地的变化。

从奴隶的种类看，可以分为三种：买卖奴隶、神庙奴隶和债务奴隶。

买卖奴隶来源于战争。当一方军队胜利，另一方的村庄和城市不可避免地被摧毁，当地的居民就会沦为奴隶。商人们将奴隶集中出售，从中获得利益。当时的埃及奴隶主要来源于叙利亚和巴勒斯坦地区的居民。到了公元前260年，托勒密二世颁布了一部法令，那就是禁止将战争中战败国的居民进行买卖。即便如此，许多商人还是在暗中交易，牟取暴利。希腊人初到埃及时，买卖奴隶在三种奴隶中所占比例最高，而且主要分布在希腊人的居住地。到了希腊人统治后期，奴隶买卖最为活跃，奴隶制也空前繁荣。

至于奴隶的作用，绝大多数是充当家奴，一些有特长的则会从事厨师、按摩师、竖琴手、管家等工作。希腊人和罗马人将奴隶当仆人看待，这从他们给奴隶起的名字中可以看出，这些奴隶的称呼的意思无外乎“男孩”、“孩子”等。在古希腊作家狄奥克里图斯的田园诗和戏剧大师赫龙达斯的喜剧中，都能看到奴隶们的日常生活。

据统计，公元前3世纪时，希腊人在埃及居住地的奴隶人数不超过当地人口的10%。而且罗马颁布了一条法律，规定一旦奴隶获得自由后，他就能取得罗马的公民权，这在当时很难得。公元前3世纪以后，随着托勒密二世法令的推行以及希腊人不再移民埃及，买卖奴隶的活动暂时停息。但是，当时托勒密政府的税收极高，这使许多不堪重负的埃及居民投靠神庙，成为神庙奴隶，否则将会沦为国家的债务奴隶。

不论是在埃及还是希腊，神庙都是神圣的存在，受到人们的敬仰与膜拜。神庙本身也有强大的权力和经济实力，不仅能为犯人们提供庇护，还能为前来投靠的居民免除税收。但前提是，人们必须向神庙交纳庇护费以及签订契约，并声称愿意为神庙服务终身，这就意味着会成为神庙的奴隶。即便如此，还是有许多人投奔神庙。在神庙内，这些奴隶从事农业或各种手工业劳动，工作量也不大。

至于债务奴隶，他们主要是因还不起国家的税收而成为奴隶的，需要做各种复杂沉重的劳役来偿还国家的债务。另外，债务奴隶只是暂时失去人身自由，等还完国家债务后，他们又能继续享受自由。

由于资料不足，人们并不清楚当时的神庙奴隶和债务奴隶的地位如何，也无法确定他们的人数与比例。但有一点可以肯定，那就是越来越多的埃及人沦为奴隶。在托勒密王朝统治时期，奴隶的生活并不凄惨，因为那些繁重低薪的工作都被农民承担了。在芝诺文献记载中，芝诺和他的家人以及几个奴隶吃的都是白面包，而普通的工匠和农民只能吃黑面包。能为贵族或是宫廷服务的奴隶待遇会更好，不仅能得到升迁的机会，生活环境也比中产阶级强。那些在纺织作坊的女奴们，还可以兜售超额完成的纺织品。

各种类型的奴隶想要获得自由，只能通过赎买和被收养的方式。但是，他们绝对不能选择逃亡，因为逃亡的奴隶会成为全国通缉的对象，被抓捕后只有死路一条，这也是称呼奴隶为“不会逃走的奴隶”的原因。为了防止奴隶逃走，主人们会给自己的奴隶戴上铁环，这些铁环上写有简单的铭文，几乎都是“抓住我”、“我是奴隶”、“我是逃亡者”、“请把我带回主人那里”等等，上面还有主人的地址与名字。那些目击者或是将奴隶送到主人面前的人可以获得丰厚的报酬。一般来说，这些报酬相当于一个工匠工作 10 个月的工资。

或许有人会疑惑，花那么多钱去追捕一个奴隶，值得吗？答案是值得。因为对主人而言，奴隶也是一种资产，尤其是有特长的奴隶，他们的价值更高，更值得主人在全国搜捕，甚至花钱让政府帮忙。

法老统治时期，埃及的奴隶并不多，他们主要从事一些杂务，并没有投身于手工业和工业的生产劳动中，因为国家会另外招募工人做这些工作。希腊人来到埃及以后，奴隶的身份介于“人”和“物”之间，这也说明埃及文化被希腊文化所同化了。

神秘璀璨的文明瑰宝

古埃及是世界四大文明古国之首，在这片炙热的土地上，古埃及人经历过辉煌与盛世，也经历过战乱与贫瘠，但他们仍在历史的长河中创造出神秘璀璨的文明。那么，古埃及文明的象征有哪些？绝大多数人想到的会是金字塔、狮身人面像和木乃伊。其实除了这些，他们还有许多与众不同的文明瑰宝。

在文字上，古埃及人使用象形文字，这是一种复杂而变化无穷的文字体系，许多语言和考古学家在破译埃及象形文字上屡屡碰壁。

那么，古埃及象形文字是怎么被发现的？1798年，拿破仑率兵远征埃及，这场战争让他损失了许多兵将，但也让他在尼罗河谷发现了许多带有古埃及象形文字的珍宝文物。随后，法国的远征军在开罗的一处神庙附近发现了一块方尖碑，这块方尖碑就是后人所称的“埃及艳后之针”。1799年，法国远征军军官布夏尔在埃及罗塞塔附近发现了一块奇异的石碑，石碑为黑色，质地为打磨光滑的玄武石，石碑上刻着三段文献，分别由古埃及象形文字、古埃及通俗体文字和希腊文组成。考古学家们推测：虽然这三段文献的文字版本不同，但它们绝对说的是同一个内容。三种文字中，只有希腊文被人们熟知，在翻译出那段希腊文后，人们对照着试图破译古埃及象形文字和通俗体文字。正是因为这块石碑，人类才踏上了解开埃及象形文字谜团的旅程。

古埃及象形文字历经数千年，其间出现了许多变体，以至于人们在研究工作中困难重重。而在众多的语言和考古学家中，让·弗朗索瓦·商博良绝对是贡献最大的。

商博良是法国著名的历史学家、语言学家、埃及学家，也是第一位破解古埃及象形文字结构和罗塞塔石碑的人，后人称他为“埃及学之父”。他花了十多年的时间去破译古埃及象形文字，最后从国王的名字入手，首先破译出了埃及文“克娄巴特拉”，它所代表的意思是：征服恺撒大帝的埃及艳后。之后，商博良好似找到了破译古埃及象形文字的钥匙，许多古埃及文本都在他手中译出。

目前，人们研究出，古埃及象形文字有 25 个单音节、137 个双音节（真实的双音节比 137 略多）以及 72 个三音节，也有直接表示意义和声音的图形字符，不过这类的字符并不多，多数是借用表形文字的读音来表达它的概念，有点类似于汉语中的借音法。埃及象形文字由三部分组成，分别是表意符号、表音符号和限定符号。其中表意符号和表音符号来源于象形的图形，并能单独使用，而限定符号与汉语中偏旁部首的使用有异曲同工之妙。比较有趣的是古埃及象形文字的写法，它可以横着写，也可以竖着写，或是左向写、向右写都行，只要看象形文字头部的指向便能了解它所代表的意思。

此外，在不同的场合，埃及象形文字也有不同的字体，比如神庙、纪念碑和金字塔铭文，一般使用圣书体；僧侣体则被僧侣们使用，这种文字十分潦草，书写快捷，常用来写宗教经典；在僧侣体的基础上，古埃及人简化出一种大众体文字，或者称为“书信体”，一直到托勒密时期，这种文字都是当时社会的主要字体，常被应用于书信、文学著作或日常文化活动当中。

对于宗教，古埃及人极为重视，以至于宗教成了古埃及文化的重要组成部分，贯穿于整个古埃及历史。在当时，有 4 个重要的宗教中心，分别是赫利奥波利斯、孟斐斯、赫尔摩波利斯和底比斯。

古埃及宗教的核心思想主要有以下三种：

第一种：人与神的关系。古埃及人热衷于神灵崇拜，他们与神之间的关系可以概括为：神灵指示人该做什么，不该做什么；如果人们违背了神灵的旨意，那么世界将会被罪恶笼罩；前世因，后世果，犯下罪恶的人终会被惩罚，而行善积德的人必会被奖赏。古埃及人认为，神灵是舌与心的向导，心能制订计划、做出决定，而舌能将计划和决定公诸于众。

第二种：创世说。在古埃及人心中，世界最初是一片混沌，因为创世神的创造和整顿，世界才得以存在。他们坚信，万事万物都能因果循环，只有世界永恒不变。所以，古埃及人看重未来，也期待享受未来。

第三种：来世说。古埃及人认为，现世是短暂的，未来才是永恒，而人生得以存在主要靠两个要素：一个是看得见的人体，一个是看不见的灵魂。灵魂被古埃及人称为“巴”，巴是一只鸟，长着人的头、人的手。它可以飞离尸体，但又能附于尸体中。因此，古埃及人为死者举行的仪式多而复杂。他们会将死者的尸体制成木乃伊，并保护其内脏的完整性，以便死者在未来复活后身体能继续使用。此外，为了让亡者在未来有居住的场所，他们花费大量的人力、物力和财力修建陵墓，这便是金字塔的由来。

与古埃及宗教信仰息息相关的是古埃及艺术，这种艺术是从“现世是短暂的，未来才是永恒”的思想上发展起来的。在许多情况下，两者之间没有严格的区别。古埃及艺术的风格特征是：在排列上，一般使用横带状结构，用水平线来分割画面；画面构图追求平面的排列效果，比如在一条直线上，人物形象的大小会依照尊卑和远近来规定，使得看上去井然有序；画面注重叙述，不论是内容还是描绘，都显得详尽细致等等。另外，绝大多数艺术品都是象形文字与图像并用，使文字具有绘画性，绘画具有可读性。

在测量工具上，古埃及人有属于自己的度量衡。

“腕尺”为古埃及官方定下的长度单位，约 0.52 米，即手臂肘部到中指指尖的长度。腕尺又被分为 7 掌或 28 指，这里的每掌等于 4 指。第二个长度单位为“雷曼”，即边长为 1 腕尺的正方形，其对角线（0.74 米）的一半，可分为 20 指。它主要用于丈量土地，是一个大单位。腕尺乘以 100 的积叫“哈特”，是测量土地的基本单位。这一长度的平方为 1 万平方腕尺，即为耕地面积单位。此外，还有一种腕尺，长度约 0.45 米，可以分为 6 掌。

“哈努”为古埃及人的容量单位，即 0.47 ± 0.005 升，1“哈加特”为 10 哈努。因为埃及人认为容量与水存在密切关系，所以将 1 哈努的水又等于 5 德本，这里的德本为一种脚踝饰品的重量，而它的 1/10 为“加德特”，即为一枚戒指的重量。“哈尔”也是一种容量单位，等于 1 立方腕尺的 2/3，或相当于一个直径为 9 掌、深度 1 腕尺的容器容量。

古埃及建筑在艺术象征、功能安排和空间设置上都与宗教文化有关，其建筑主要体现出永恒与静止两种状态。比如，在建筑设计中，最常用到的是具有稳定性的三角形，这从吉萨金字塔群中就能看出。金字塔屹立黄沙中数千年，无疑是对永恒和静止的最好阐释。此外，古埃及还有幽暗的太阳神庙、排列密集的石柱，这些给人以视觉上的压抑感，同时也能看出古埃及建筑在理性上的局限。

古埃及每个时期的建筑风格都不同。在古王国时期，最具代表性的建筑为金字塔，其规模庞大，设计简洁，几何形体、明确的对称轴和纵横交错的空间布局都体现出该建筑的雄伟、庄严和神秘。中王国时期的代表建筑是石窟陵墓，它采用梁柱结构，塑造出宽敞的内部空间。神庙为新王国时期的代表建筑，它在空间分化上更有条理性，分为外庭院、大柱厅和内庭院，如卡纳克和卢索克的阿蒙神庙。

在历法上，古埃及人有相当高的造诣。他们通过观测太阳和天狼星的运行，制定了一套名为“科普特历”的历法。与现代历法一样，他们也将一年定为 365 天，每年 12 个月，每个月 30 天，多出来的 5 天则为节日。此外，他们还将一天定为 24 小时，一年分为 3 个季节，每个季节有 4 个月。

天文学观测和记录是由古埃及祭司负责的，他们观测到了许多星座，比如天鹅座、仙后座、猎户座、天蝎座、白羊座等等，其中关注最多的就是天狼星。他们探测到，每年夏天，当天狼星从地平线升起时，尼罗河就会进入泛滥期。所以，他们认为天狼星是掌管尼罗河的神灵，并建造神殿祭祀天狼星，也有人猜测他们建造金字塔来观测它的动向。

这些数千年前的古人们所了解的天文历法知识让现代天文学家们惊叹不已。而古埃及的文明成就还有许多，比如在数学、医学方面等等。埃及文明就像一本厚厚的书，只有细细品读，才能觉得津津有味。

第二章

金字塔之最

金字塔是世界瑰宝，被称为“世界八大建筑奇迹之一”，它们分布范围广且数量众多，主要集中在开罗西南尼罗河西古城孟斐斯一带。

那么，什么是金字塔？简而言之，它是一种方底尖顶且四面都呈等腰三角形的石砌建筑，从外形上看很像中国的“金”字，所以被形象地翻译为“金字塔”。至于金字塔的作用，古埃及人将其作为陵墓，但塔内埋葬的可不是平民百姓，而是古埃及的国王、王后以及王室的其他成员。

胡夫金字塔

在众多的埃及金字塔中，以吉萨地区的三大金字塔最为闻名。这三座金字塔是：胡夫金字塔、哈夫拉金字塔和曼卡拉金字塔。其中数胡夫金字塔的规模最大，建造时间最为久远。当你站在这座巍峨的金字塔下，立马会被它雄伟壮丽的气息所吸引。

胡夫金字塔是埃及第四王朝第二个国王胡夫的陵墓。胡夫全名“胡尼胡夫”，希腊人称呼他为“奇阿普斯”。而他的陵墓现今位于埃及开罗的吉萨地区，所以这座金字塔又有“吉萨大金字塔”之称。值得一提的是，胡夫是第一位在吉萨兴建金字塔的法老。

据考证，这座世界上最大、最高的具有埃及风格的金字塔建造于公元前2580年左右，于公元前2560年竣工。金字塔原本高约146.5米，但是经过数千年的风吹雨淋，塔顶剥落了约10米，现在高约136.5米。塔的三角面斜度为51度，底面为正方形，底部四边朝着正北、正南、正东、正西方向，误差皆小于1度，塔的边长约230米，面积约为5.29平方米。由此可见，这是座庞然大物。那么，当时的古埃及人得用多少石块才能将其建成呢?

有一位来自英国的考古学家为胡夫金字塔计算过，它大约由230万块石块砌成。这些石块的质地为石灰石和花岗岩，两种石料在没有任何粘黏物的情况下居然砌合得天衣无缝，连一张纸都难以插入。金字塔外层的石块约有

11.5 万块，平均每块重 2.5 吨，体积与现在的小汽车一般大，而最大的石块超过 15 吨。如果你对这些数字没有概念，这里有一个很好的比喻，那就是把这些石块分割成约 0.03 立方米的小石块，再把这些小石块铺在赤道上，其长度相当于赤道周长的 2/3。

当然，这么一座气势磅礴的金字塔可不是一朝一夕建成的。根据古希腊历史学家希罗多德的估算，这座金字塔最少修建了 20 年，且每年的劳动力至少 10 万人。现今，又有考古学家给出了新的数据，认为这么一项浩大的工程至少要耗费 30 年的时间。

胡夫金字塔不光外表令人震撼，其内部复杂精密的结构也让人震惊。据现代技术探索，金字塔由入口、一条通往塔内的通道、一个地下密室、一条通往塔顶的甬道、一条大长廊、若干墓室以及通风井等组成。

原本，胡夫金字塔的入口长久以来被一块巨大光滑的石灰石覆盖。这块石灰石像是个伪装，与周围的石块搭配得很协调，让人很难发现入口所在。而千百年来，人们为找寻它真正的入口可谓费尽心思。比如在公元 820 年，当时的开罗回教总督卡利夫·阿尔玛门想进入金字塔找寻宝藏，可就是找不到入口，后来他想用炸弹炸开金字塔，但效果微乎其微。最后他们尝试了很多办法才在金字塔上打开了一个很小的入口，这个入口能通到最底层的墓室，现代的科学家们沿着这个入口通道往上走，这才找到了真正的入口。

入口连接着一条呈 26 度角的下坡道，一直沿着往下走，会遇上一条向上的同样角度的上坡道，再往下就是一条直通金字塔底部的下坡道，在通道的尽头有一间石室。值得一提的是，上坡道的顶端连接着大长廊，即为“大甬道”。

大甬道的倾斜角度也为 26 度，在它的南北两侧各有一个通气孔。需要注意的是，别的金字塔的通气孔都是通往墓室外的，据说死者的“灵魂”可以通过这些气孔自由出入金字塔。而这两个通气孔，一个对准天龙座，一个对准猎户座。在埃及，这两个星座分别代表着“永生”和“复活”，此处恐怕寓意着“灵魂飞升”。

大甬道的尽头处是法老的墓室，在它的下方还有另外一条水平的通道，可以通到王后墓室。比较奇怪的是，自挖掘胡夫金字塔以来，人们并未在王后墓室内发现任何的陪葬品或木乃伊。所以对于这个墓室存在的意义，只能说是个谜团。至于法老的墓室，长约 10.43 米，宽约 5.21 米，高约 5.82 米，与地面的垂直距离约为 42.28 米，墓室内只有一樽红色的花岗岩质地的石棺，石棺内并没有胡夫的木乃伊。

胡夫金字塔的四周还有许多建筑群，在塔的南北两侧整整齐齐地排列着许多第四、第五王朝的贵族平顶石室，这些建筑让胡夫金字塔脱颖而出，犹如众星拱月一般。塔的东边还有一座神庙，其南北长约 52.2 米，东西宽约 40 米，可惜的是早已消失。金字塔附近神庙的甬道也只保留了一小部分，好像在提醒人们它曾经存在过。金字塔的南面有一些附属金字塔，它们被称为“王后金字塔”，其中有三座保留完整，第四座被摧毁得只剩下一些塔顶石块。此外，人们还在金字塔附近的地面下发现了王后海特菲莉斯一世的陵墓，据说她是胡夫的母亲。现今，这座陵墓保存完整，但墓内的棺材却是空的。

胡夫金字塔无疑是古埃及文明的代表作，是埃及人的智慧结晶，更是他们骄傲的资本。随着这座金字塔挖掘工作的推进，相信人们会发现越来越多的惊喜。

哈夫拉金字塔

哈夫拉是埃及第四王朝的第四位法老，希腊人称他为“希夫伦”。世界上第二大的哈夫拉金字塔就是以他的名字命名的。

从视觉上看，哈夫拉金字塔的规模几乎与吉萨大金字塔不相上下，但经过实际测量，高度上确实矮了 10 来米。这座金字塔高约 136 米，底座边长约 215 米。考古学家们经过多年探索，总共发现了两个进入塔内的入口，且都在北面。一个入口在开基石前约 9 米的地面上，另外一个在开基石上方约 15 米处。

如果从开基石上方的入口进入金字塔，通道为一条 25 度倾斜角的下坡道。另外一个入口的通道也呈 25 度倾斜角，不过是上坡道，并且能通往塔内深处。沿着这条通道走一段距离，通道角度变为水平方向，途中还会经过一间地下房间。再继续往前走，会遇到一条上坡道。这条通道和开基石上方入口的通道互通，两条通道交汇后，前方通道又变成水平方向。这条通道仅有一人高，前半部分铺着花岗石，后半部分铺着石灰石，它的尽头是金字塔的中心处——一间墓室。

这间墓室东西长约 14 米，南北宽约 5 米，而地面到天花板的高度约 6.8 米，东西高度误差不超过 0.3 米。墓室的顶部构造很特别，由两块倾斜的石板相互支撑，其倾斜度与金字塔的斜度一模一样，均为 58 度 7 分。房间内部的墙面上贴着粗糙且不规则的地基石，隐隐约约能看到一条白中带黄的反射光线。与大金字塔最大的区别是，这座金字塔没有减压室。数千年来，这间三角形屋顶默默承受着哈夫拉金字塔几百万吨的重量，它能够在沙漠中屹立不倒，无疑是一个奇迹。

与绝大多数金字塔一样，这间墓室内也没有发现任何石棺或碑文，倒是墙面上刻着一些后世探险家们的名字，比如著名的杂耍大师吉奥维尼·贝索尼。现在，越来越多的人怀疑这座以哈夫拉法老命名的金字塔究竟是不是哈夫拉的陵墓，不然的话，墓内怎么没有一点与哈夫拉法老相关的东西呢？可如果不是的话，它的建造者又是谁？此外，哈夫拉金字塔的内部构造很简单，这与它庞大的身躯很不协调，当时的古埃及人为何要这么设计？

当然，关于哈夫拉金字塔的谜团远远不止这些，且人们对它探索的步伐也不会停止。

曼卡拉金字塔

在吉萨金字塔群中，曼卡拉金字塔是规模最小的一座，它的高度不仅不及大金字塔的一半，连质量也小了许多。可是这么一座金字塔，偏偏让人无法忽视。有位著名的诗人在参观完曼卡拉金字塔后这样感叹：“与大金字塔和哈夫拉金字塔相比，曼卡拉金字塔无疑是渺小的。可是当你走近后仰望它时，不但感觉到它庞大无比，还有一股毁天灭地的压迫感席卷而来……”下面让我们了解一下这座“小”金字塔为何会在吉萨金字塔群中占有一席之地。

曼卡拉金字塔的高度约 61 米，底座边长约 108 米。从塔底往上数 16 层，每层石块都被红色玄武石质地的石料覆盖着，这些玄武石异常坚韧，就算用铁器也很难在表面造成划痕。此外，石块之间砌合紧密，看上去像是一块完整的巨型石块。

与大金字塔和哈夫拉金字塔的入口一样，曼卡拉金字塔的入口也在北面，距离地面有一段距离。进入塔内，一条呈 26 度的斜坡通道直通阴暗的塔底。通道为长方形，人若是要穿行，需要弓着身子弯着腰才行。在通道大约 21 米的地方发生了翻天覆地的变化，不仅角度变成水平，高度上也能让正常成年人通过。沿着通道继续向前，有一间贴着石雕板且墙面有许多沟槽痕迹的小房间，房间的尽头是另外一条狭窄低矮的通道，这条通道通往第一间主墓室。

主墓室内有三个房间，第一间坐东朝西，空间为正方形，长约 9.1 米，宽和高都在4.5米左右。这个房间的构造比较复杂，在西面的墙面上有一个奇形怪状的洞穴，它连接着一个像是隧道一般的空间。在房间正中央的位置有一个开口，它连着一条下坡道，这条通道能通向塔底更深处。不过，在通道途中我们能进入第二间房间，这间房间相对而言比较普通，墙面上有6个洞穴，东面4个，北面2个，至于这些洞穴的作用，科学家们还在探索之中。退出房间后，沿着通道继续前行，通道由下坡转为水平，再走一段距离后，就能看到第三间房间了。这个房间很有特色，内部装饰和设计都与别的房间不同。它坐北朝南，长约3.7米，宽约2.4米，墙壁、地板和屋顶都铺满了咖啡色的花岗岩，给人一种走进了罗马式大教堂的地下室的错觉。

走出主墓室后，我们不禁有这样一个疑惑：三间房内空无一物，法老王的木乃伊在什么地方？

这个问题，人们至今都没有解决，不过可以从一位名叫豪尔·卫斯的欧洲人身上得到一些消息。豪尔·卫斯是一名英国上校，是他最先进入曼卡拉金字塔的。1837年，当他进入停棺室时，只看到一个用玄武石制成的空石棺。木质的棺盖上有一个人形浮雕，周围的地面上散落着一些骨骸。这个发现传开后，人们理所当然将那些骨骸视为曼卡拉的遗物。但是通过现代科学技术鉴定，那些骨骸和棺盖的年代比曼卡拉金字塔建成的年代晚了2500多年。也就是说，这些骨骸并不是法老曼卡拉的，倒是那副玄武石石棺有可能是曼卡拉的。

这种假设是否属实，现在已经无法验证，因为豪尔·卫斯上校将石棺运回欧洲时，途中遇上了海难，不仅船只被大海吞噬，就连石棺也沉入了海底。

波斯尼亚金字塔

提到金字塔，人们通常会想到是埃及的专利。可如今，人们在欧洲也发现了金字塔——波斯尼亚金字塔。说起来，这座金字塔能够重见天日，还得多亏探险家塞米尔·奥斯马纳基奇。只是，这座金字塔是真正含义上的金字塔吗？

塞米尔·奥斯马纳基奇出生于波黑首府萨拉热窝，他先是在萨拉热窝大学取得了经济学硕士学位，后在美国获得博士学位，此后长期在休斯敦生活。作为一位天生的探险家，周游世界是必不可少的，所以他在旅途中努力地寻找着一些不为人知的发明与创造。

突然有一天，奥斯马纳基奇在波黑举行了一场新闻发布会，宣称自己在波黑中部维索科山谷中找到了欧洲的第一个金字塔群，其中有一座规模巨大的金字塔，它隐藏在维索契察小山茂密的树林中，为石砌金字塔，大约修建于 1.2 万年以前。

这座金字塔的底座为正方形，每条边约 220 米长。塔的入口在北边，入口通道为阶梯状，长约 4 公里，能一直通到金字塔的中部。至于塔高，初步估计约 150 米，塔顶上还有木头搭建的神庙的痕迹。此外，在这座大金字塔的附近还隐藏着一些规模较小的金字塔群，令人震惊的是，这些金字塔群与墨西哥的金字塔极为相似，它们都是成双成对出现的，一个代表着月亮，一个代表着太阳，所以他又将维索科山谷中的金字塔称为“波斯尼亚太阳金字塔”和“波斯尼亚月亮金字塔”。

如果这个发现是真的，其无疑将是欧洲考古界历史上最振奋人心的发现。那么，塞米尔·奥斯马纳基奇是怎么发现这些金字塔群的？这些金字塔又有哪些神奇之处呢？

2005年4月，奥斯马纳基奇来到波黑首府萨拉热窝以北约30公里处一座历史悠久、名为“维索科”的小城。当时维索科博物馆馆长、波黑中世纪历史学家霍多维奇作为向导，他在向奥斯马纳基奇介绍小城历史的同时，也介绍了当地著名的维索契察小山独特的地貌和自然风景。

奥斯马纳基奇瞧见小山后，立马来了兴趣，因为这座小山的底座看上去四四方方的，外形上与埃及的金字塔极为相似。他觉得，自然界中很少有几何形状的小山，特别是如此规则的四方形小山，所以他笃定这座小山绝不是出自大自然之手，极有可能是人工建造的。经过测量后发现，小山的四边朝着东南西北4个方向，若是从空中俯瞰，会发现山的四面呈45度斜坡，并被茂密的树木裹上了一层外衣，这与现今发现的金字塔外形如出一辙。尤其是小山旁边的科利日小山，此山不论大小、高度都相对较低，但山的三面都呈规则的几何形。这两座一大一小的山丘就像是墨西哥的太阳金字塔和月亮金字塔，并且两山恰好形成了出入维索契察峡谷的大门。

奥斯马纳基奇心里的结论呼之欲出，这两座小山极有可能是金字塔。在征得当地政府同意后，他马不停蹄地投入了对小山的挖掘钻探工作中。在此过程中，他有三个重大发现：首先，通向金字塔的巨大平台全都是由自然界中采集的石板铺成的，平台总长度约410米，宽约27米，而单块的石板表面光滑平整，且厚度在10—12厘米之间。很显然，这些石板并不是出自当地，而是从其他地区开采后运输过来的。其次，金字塔的墙壁是由多块带棱角的石头通过石灰粘合而成的，就像是原始水泥浇筑而成的大石块。这些石板形状不一，长度在1—3米之间，具有典型的金字塔特征。最后，在外形设计上，波斯尼亚金字塔群与墨西哥的金字塔极为相似，先是平台、斜坡，然后是平台。

奥斯马纳基奇并不是第一个认为小山是金字塔的人，当地很多居民都这样认为，并且还指出金字塔下有四通八达的地下通道。为了证实这个说法，奥斯马纳基奇带着考察小组勘察了金字塔四周，果然在距离金字塔3公里的地方发现了地下通道。从通道的顶棚可以看出，它们绝不是自然形成的。或许是年代太过久远的缘故，这些通道损坏严重，且高度不等。在通道的220米处有一个十字路口，通向前方的三条通道中，有一条通往地下湖，有一条能穿过金字塔，还有一条被堵死。就这个地下通道的结构来说，与埃及和墨西哥等地的金字塔地下通道也有着共同点。

如果这些真的是金字塔，那么它的建造者是谁？它们存在的目的又是什么呢？

奥斯马纳基奇认为，这些金字塔群是由当地的古伊里利亚人建造的。他指出，在冰河时代后期，欧洲大陆出现了三个适合人类居住的地方，其中之一为亚得里亚盆地，它覆盖了今天的塞尔维亚、波黑、克罗地亚、斯洛文尼亚等地，古伊里利亚人就居住在这片地区。古伊里利亚文明十分发达，波斯尼亚的金字塔便是出自他们之手。

那么他们是如何建造金字塔的呢？奥斯马纳基奇大胆地设想伊里利亚人具有无穷的精神潜能，他们能够利用精神力驾驭巨大的石块，并将它们放在对应的位置上。除了这种解释，奥斯马纳基奇很难想出其他解答，他觉得就算运用现代建造技术，也很难将4吨重的石块堆积成一座金字塔。对于波斯尼亚金字塔的作用，他认为与法老或国王的陵墓无关，而是与宗教和精神意义相关。他还认为，这个古老的文明覆灭于1.2万年以前的宇宙大灾难。

自从奥斯马纳基奇宣布他的发现后，许多考古学家和科研人员前往维索科探索所谓的波斯尼亚金字塔。毫无意外，有人赞同波斯尼亚金字塔确实是一座金字塔，当然也有人反对。

波黑国家博物馆馆长韦依扎基奇女士认为，奥斯马纳基奇的宣布很不可思议，她觉得奥斯马纳基奇的发现和结论不仅没有科学根据，而且还存在悲剧性的投机行为。她还认为，作为一个科学工作者，应该要找到确定的证据才能宣称维索科小城存在金字塔。有着20多年工作经验的地质学家娜佳女士也同样持怀疑的态度，并认为奥斯马纳基奇的推测不太现实，不过她认同对维索契察小山的挖掘工作。

如果波斯尼亚金字塔不是真正意义上的金字塔，那么它又是什么呢？是其他的巨型建筑，亦或是神庙？目前，人们还在进一步挖掘探索，相信在不远的将来就能解开谜团。

弯曲金字塔

通常我们所见的金字塔有两种类型：一种是具有埃及风格的金字塔，塔身四面为平整的三角形；另一种是具有玛雅风格的金字塔，塔身四面呈阶梯式三角形。如今，人们又在埃及发现了第三种类型的金字塔——弯曲金字塔。

弯曲金字塔位于距离开罗西南方向 27 公里处的萨卡拉地区，它建于公元前 2600 年左右，是埃及第四王朝第一位法老王萨夫罗修建的。或许你对这位法老很陌生，那么我告诉你他的另外一个身份，他是埃及历史上声名显赫的法老王胡夫的父亲。萨夫罗之所以将这座金字塔建在萨卡拉，据说是因为此地福泽深厚。事实上，这位法老的判断并没有错，因为经过几千年的岁月变迁，这座造型独特的金字塔依然稳稳地屹立在黄沙之中。

走近弯曲金字塔，你会发现它的另类之处在于它的外形颠覆了其他金字塔的角锥体风格。在塔身超过一半高的时候，其四个斜面出现了倾斜角，由下半部的 52 度弯折成 43.5 度，呈现出下半部为陡坡，上半部为缓坡的外观。这座金字塔的底部呈正方形，边长约 189 米，塔身高约 105 米，它是人们公认的世界上仅存的表面平滑的金字塔之一。

弯曲金字塔的塔身由石灰岩质地的石块建成，浑身散发出古老苍凉的气息，每块石块契合工整严谨，让人不禁感叹古埃及人建造技艺之高超。在塔身的半腰处，人们发现了一个洞口，很显然，这是进入金字塔内部的“大门”。走近塔内，甬道狭窄，深不见底。一直沿着甬道前进，一座宽阔的拱形内殿映入眼帘，再往前走，会发现许多内室。可惜的是，因为塔内地形、布局复杂，人们并没有完全弄清楚这座金字塔的内部结构。不过，随着技术的不断发展，科学家们研究出一种新的扫描技术，他们扫描弯曲金字塔后发现，塔内还有两个墓穴，一上一下，大约相距 18 米，且每个墓穴都有独立的通道，通向的出口也不同。

至于弯曲金字塔弯曲的原因，考古学家们众说纷纭，目前最主流的说法是：在这座金字塔建到一半时，建筑师们发现他们的计算出现了偏差。如果按照 52 度角继续往上修建，塔身会承受不住自身的重量，最后不仅会倒塌，而且塔顶还无法闭合。情急之下，建筑师们修改了金字塔的修建蓝图，不单将塔身的倾斜角减至 43.5 度，为减轻塔身的重量，还减少了建材的使用量。最后，造型奇特的弯曲金字塔诞生了。

这种说法并不是没有证据的，考古学家们将目光落在了埃及其他金字塔身上。他们发现，不论是规模最大的胡夫金字塔，亦或是规模稍小一些的哈夫拉金字塔，其塔身和顶角都精准完美，他们推测这些后世的建筑设计师们一定吸取了弯曲金字塔的建造经验。

值得一提的是，萨夫罗在位期间还修建了另外一座金字塔——红色金字塔。它不仅是埃及最古老的金字塔，同时也是第三大的金字塔，规模仅次于胡夫金字塔和哈夫拉金字塔。塔的底面为正方形，底边边长约 220 米，高约 104 米。因为它是用红色的石灰石建造而成的，所以才有“红色金字塔”这个名字。

说了这么多，你是不是很想一睹这两座经过漫长岁月洗礼的金字塔的风貌呢？其实早在 2009 年时，弯曲金字塔就已经向游客们开放了。人们不光能欣赏到它独树一帜的外观，还能在金字塔内走上一圈。当然，为了安全着想，当地政府在甬道的两侧安装了许多照明灯，还给一些较为难走的路段安上了扶手。欣赏完弯曲金字塔后，你还可以去红色金字塔观赏一番。

阶梯金字塔

众所周知，埃及金字塔是法老的陵墓。可是在很早以前，法老们的陵墓是很简陋的，他们死后被埋葬在一种名为“马斯塔巴”的建筑内，即四棱台状的坟墓。这种形式的坟墓一直沿用到埃及第三王朝，之后才出现了阶梯金字塔形式的坟墓。

在众多阶梯金字塔中，以埃及左塞王的梯形金字塔陵墓最为著名，它的设计者名为伊姆霍太普。

据说，伊姆霍太普出生于第三王朝的一个普通而平凡的家庭，拥有惊人的智慧和渊博的知识，并被当时的左塞王赏识，成为一人之下、万人之上的宰相。为了报答重用自己的左塞王，他绞尽脑汁地为其建造了一座别出心裁的陵墓，也就是阶梯金字塔。伊姆霍以马斯塔巴为原型，往上叠加了六层，且逐层缩小。接着，他又用白色的石灰将自己设计的产物包裹起来。竣工后，眼前赫然是一座六级的阶梯金字塔，这也是埃及最早的梯形金字塔，左塞王死后就埋葬在这座金字塔下面。

阶梯金字塔高约 62 米，底部从东到西长约 121 米，从南到北长约 109 米。金字塔的内部有许多通道和走廊，通道内陈列着雪花石膏和岩石雕凿出来的器皿，走廊的墙面上雕刻了各种各样的饰物，饰物上镶嵌着颜色鲜艳、类似陶瓷一样的东西。在金字塔的周边还有其他一些建筑，比如“北家”、“南家”

祭祀神殿等。

这样一个设计精巧的庞然大物是如何建成的呢?

经过探索发现，伊姆霍太普先是让人在一块巨大的岩石上挖出一口深约 28 米、边长约 7 米的旱井，并凿出一层层通向井底的阶梯。又在阶梯的两侧挖掘出两个相通的空室，以此作为左塞王的墓室，而相互通着的墓室的门上有用古埃及象形文字写着的国王名字和谥号。墓室没有通向外面的门，只能在天花板上凿出一个圆形的洞口连接上面的石室，再将洞口用一块约 3 吨重的石块堵住。墓室的四周有四条甬道，里面摆放了五花八门的珍贵陪葬品，通往陵墓外的甬道有 20 多米长。以上建造的就是最初的地下墓室，接着在墓室之上盖上“马斯塔巴”，一共盖了六层，且越往上体积越小，最后便呈现出六层的阶梯金字塔。

阶梯金字塔是一座完整的轴对称建筑，它是第一座以石头为建筑材料的金字塔。直到古埃及拉美西斯二世王朝，朝圣者石壁上仍然记载着人们对它的敬畏和歌颂。不过古埃及人从来不缺乏想象力，所以没过多少年，阶梯金字塔就被如今的金字塔取代了，但是它作为金字塔的鼻祖，无疑开创了古埃及特色建筑的先河。至于它的建造者伊姆霍太普，他去世后，古埃及人为了纪念他，便把他的名字刻在了乔赛尔雕像的底座上，尊他为神。

海底金字塔

金字塔不仅是陆地的产物，广阔而神秘的海洋中也有它们的身影。没错，随着海底探测技术的发展，人们已经陆续在海中发现了多座金字塔式的建筑。在这些海底金字塔中，最著名的莫过于在百慕大发现的金字塔了。

1967年，美国飞行员罗伯尔·布鲁斯和助手迪米特来·勒皮科夫驾驶飞机低空飞过百慕大海区的巴哈巴群岛时，在比米尼岛的水下发现了一个巨大的长方形物体。他们觉得很奇怪，海底怎么会有如此规则的物体呢？于是，他们用相机拍摄了下来。随后，勒皮科夫联系了耶鲁大学的瓦朗丁教授，他们猜测比米尼岛的水域下应该有某种建筑，于是组织了一支潜水队，准备在比米尼岛与周围岛屿的水下进行探索活动。事实证明，这次探索并不是无用功，因为他们在水下发现了一系列古老的遗迹。

比米尼岛的水面下有一片用巨大石块建造的规模巨大的建筑群。这些建筑群不仅结构严密，形状也千变万化。其中有一面大石墙，长达1600多米，由长约4.5米、宽约6米、高约3米的石块堆积而成。据测量，这些石块至少有25吨重。石砌的街道上有许多图案花纹，这些是用长方形或多边形的石块排列堆积出来的。此外，在距离海平面400米的水下，探索小组还发现了一座高约42米、边长约54米的平顶金字塔。金字塔附近还有码头、港口、大理石雕像的遗迹。

这个发现无疑震惊了整个考古界，也让越来越多的探险家们投入到对海洋的探索中，让那些隐藏在海底的遗迹陆陆续续呈现在世人面前。比如在古巴岛大陆架水域，人们发现了一座“水底石头城”。这座城的面积约5万平方米，城内建筑众多，且都是用石块筑成的，石板铺成的道路四通八达，石块雕塑和石板棺材也随处可见。人们还在希斯班尼俄拉海底发现了多幢大石屋，这些石屋的高度和规模一点也不逊色于现代陆地上的高楼大厦。在安得罗斯岛附近的海面下，人们还发现了一座非常古老的寺庙遗址，不过破坏程度严重。

人们对海洋探索了多年，最激动人心的莫过于1978年在百慕大发现的那座巨大的海底金字塔了。当时，国际潜水中心主任罗歇韦带着自己的潜水小组在百慕大的魔鬼三角区附近考察。忽然，晴朗的天空乌云密布，狂风暴雨席卷而来，海面上涌起了一层白雾。恶劣的天气使他们无法控制乘坐的小船，不得已，只能舍船潜入海底。当潜到海底100米深处时，一座巨大的金字塔赫然浮现在眼前。

百慕大的海底怎么会有如此规模的金字塔？它是什么时候存在的？它的建造者是谁？

为了弄清楚这一系列谜团，美国的一批科学家带着先进的设备再次潜入百慕大。他们研究后发现，这座海底金字塔塔高约200米，底座边长约300米，塔顶距离海平面约100米，建造年代比埃及早了7000多年，规模上也有过之而无不及。塔上还有两个巨洞，每当海水以惊人的流速穿过洞中时，海面上就会出现巨大旋涡，引起惊涛骇浪。至于为何会出现这么怪异的现象，人们至今还没弄清楚。再来，由于海水太深，海中光线昏暗，更多的探索活动无法正常进行，所以科学家们至今也没弄清楚这座金字塔出自哪个文明。

在这座金字塔的东面，人们还发现了另外一座金字塔。这座金字塔隐藏得更深，塔顶距离海平面700多米。1989年，两名挪威的潜水员还在百慕大魔鬼三角区的水底平原上发现了一座古城，古城内的道路纵横交错，圆房顶的建筑物整整齐齐地排列在道路两旁，另外还有竞技场和长方形的建筑物。

这些发现证明了百慕大水域曾经经历了海陆变迁，至于水下的古遗迹出自何种文明，科学家们意见不一。有人认为，这些金字塔和古建筑群的建造者是亚特兰蒂斯人，它们原本是在陆地上的，强烈的地震使得这些建筑群沉入海底。有人觉得很荒谬，因为至今为止人们还没有任何证据证明亚特兰蒂斯的存在。

除了百慕大发现的海底金字塔外，台湾和日本的海域下均有类似金字塔的建筑存在，且这些建筑有的距今上万年。就比如与那国岛最西边的西崎海域，人们在 2011 年时发现海底有一座用岩石堆砌而成的巨型金字塔，其外形与玛雅金字塔相似。这座金字塔的最上方有不少古老的建筑，像城门、回廊、瞭望塔等等。此外，城门上还有类似于象形文字的图绘。由于这座金字塔被发现不久，因此没有详细的调查结果。

这些海底的远古遗迹隐藏着大量的关于人类起源、历史和文明发展的信息，或许有一天，这些水下古迹能为人类谱写出一个崭新的文明篇章。

第三章

诡异的狮身人面像

在埃及，能与金字塔媲美的建筑无疑是狮身人面像。这座石像是地球上最为神秘和古老的建筑之一，它带着种种谜团静静地屹立在黄沙之中，似乎在等待着人们去探索发现。

重见天日的神秘石像

非洲的北部有一片一望无际的沙漠——撒哈拉沙漠，它是世界上最大的沙质荒漠，与金字塔同为古埃及代表性遗迹的狮身人面像就是在这里被发现的。那么，这座淹没在黄沙中的神秘石像是如何被发现的？又是谁将它从黄沙中解救出来的？

在撒哈拉沙漠的地平线上，狮身人面像孤独地屹立着。数千年以来，它的身体被黄沙层层淹没，只露出一个神秘诡异的头颅。它沧桑的双眼遥望着远方，似乎在欣赏日出日落，又似乎在盼望着有人能将它从黄沙中解救出来。直到18世纪初，它才引起探险家们的注意。

乔瓦尼·巴蒂斯塔·卡维利亚上尉是热那亚的探险家，他来到埃及发现这座石像时，立马被震惊了。1817年，乔瓦尼带着160名工人，想要把石像从黄沙中挖掘出来，但过程十分艰难，因为沙子被挖开后很快又会被填满，这也意味着狮身人面像的首次挖掘以失败而告终。到了20世纪20年代，这一难题才被埃及考古学家萨利姆·哈桑攻破，石像成功地从黄沙中被解救出来。

当狮身人面像完全暴露在大地上时，整个世界都被它的模样震撼了。石像仿佛有魔力一般，吸引了无数的游客前去观光。

那么，狮身人面像究竟是什么模样？顾名思义，它有着人的头、狮子的身体。它位于吉萨高地哈夫拉金字塔旁，是在一块含有贝壳之类杂质的巨石上雕成的。整个石像高约20.22米，长约73.5米，宽约19.3米，光是它的耳朵就有2米长。石像匍匐在地面，朝前伸着的用大理石雕刻出的狮爪足足有15米长，看上去有种不可轻犯的威严。

据说，最初的狮身人面像比现在更加神圣堂皇，它的头上戴着巍峨的皇冠，额上套着圣蛇浮雕，留着长长的胡须，脖子上围着项圈。可惜的是，皇冠和项圈早已不见踪影，只留下一点痕迹。圣蛇浮雕于1818年被英籍意大利人卡菲里亚在雕像下挖掘出来，如今被英国大英博物馆收藏。而胡子也残缺不全，有两块被埃及博物馆收藏，还有一块在大英博物馆中，不过如今已经归还给埃及。

狮身人面像无疑是一个怪异的组合，古埃及人为什么会设计出这样的形象？

目前，考古学家们还没有得到确定的答案，但他们普遍认为：古埃及是个崇拜多神教的国家，他们将神灵当作生活的一部分，以至于通过神的起源和神话来探索大自然，摸索宇宙的奥秘。而他们能想出如此奇特的组合，可能是出于对动物神灵的崇拜。

众所周知，古埃及有许多神庙，每年神庙都会举办祭祀活动，有些活动的仪式需要戴上面具，这些面具多数是动物的面孔。戴上面具的埃及人有着动物的脑袋、人的身体。他们从这个模样中得到启发，于是给一些动物神灵设计出人身动物头的形象，比如鹰头人身的荷鲁斯、狼头人身的阿努比斯等。所以，古埃及人能想出人头动物身的形象也就不奇怪了。

只是，古埃及人为何为狮身人面像设计出狮子的身体？为什么不是豺狗、胡狼或狒狒等动物的身体呢？人们猜测和天文星象有关。

狮身人面像又有“斯芬克斯”之称，这个词起源于古希腊，为“压制”

的意思，传到埃及后，“斯芬克斯”变成“地平线上的荷鲁斯”之意。荷鲁斯是古埃及人最崇拜的神灵之一，是猎鹰之神，它赐予法老统治埃及的权力。而法老们为了得到人民的信仰与崇拜，便把自己宣传成荷鲁斯神在人间的化身。

考古学家在古埃及遗址中找到了一块浮雕，上面写着这样一篇铭文：“地上的荷鲁斯在夏至到来的前七十天，沿着弯弯曲曲的河流东岸开始走向另外一岸，等七十天后，他会与地面上一个神奇的东西结合，而这一刻太阳恰好升起。”

这段铭文有什么含义？弯弯曲曲的河流是指埃及的尼罗河吗？

考古学家们按照铭文在夏至到来的前七十天沿着尼罗河东岸行走。最后，他们达到了金字塔附近，可是并没有看到什么神奇的东西。由此看来，他们的猜测是错误的。后来，有一个十分聪明的年轻人，他觉得铭文中的河流并不是陆地上的河流，而是天上的河流——银河。于是，在隔年的4月11日之前，人们站在吉萨去观测银河的东部，结果发现了一颗特别明亮的星星。七十天后，星星移过了天上的银河，最终落到了狮子星座上。由此可见，铭文隐藏的意思是：荷鲁斯神和狮子星座合二为一。这也就是埃及人将狮身人面像设计为狮子的身体的原因了。

此外，在古埃及人心中，狮子代表着武力，而头颅代表着智慧，这里体现出武力与智慧并存的意思。再结合狮身人面像头颅的特征，不难看出它头上的装束与法老们惯有的装束一致。这也暗示着，法老就是武力与智慧的结合体。

当然，这些仅仅是人们的猜测，想要弄清楚谜底，恐怕还得问问狮身人面像的设计者。

如今，狮身人面像经历了4000多年的历史，早已“痼疾缠身”、千疮百孔。

它的全身腐蚀严重，其中数颈部、胸部最为厉害，表皮也不断剥落，鼻子更是缺损了一块，庞大的身躯明显消瘦了一圈。1981 年 10 月，石像的左后腿忽然塌方，形成一个 2 米宽、3 米长的大窟窿。1988 年 2 月，石像右肩上掉下两块巨石，其中一块重达 2000 公斤。

如此惨重的损坏震惊了埃及和全世界，人们担心有一天它的头颅也会断落。于是，各国文物专家纷纷前来，讨论对石像的保护工作，比如为了防止石像继续脱落，用与石像相同质地的石灰石贴在它的表面，但效果不佳。在第二次世界大战期间，有人用氢氧化钡溶液渗入石像，这种物质与碳酸钙化学反应后，能产生一种坚固的物质，可结果也不理想。现如今，人们依旧在讨论如何保护好石像的方案。

不管时间如何变迁，我们都希望这座神秘的石像能继续屹立在沙漠之中，守护着埃及文明。

“斯芬克斯”的美丽传说

狮身人面像与古希腊神话中的人面怪物斯芬克斯极为相似，所以人们也称它为“斯芬克斯”。在古埃及的神话中，斯芬克斯是一只长着翅膀的雄性怪物，但它却是“仁慈”与“高贵”的象征。而在古希腊神话中，斯芬克斯可不是一个善茬。

古希腊有这么一个关于斯芬克斯的传说：斯芬克斯是蛇妖和巨人生下的怪物，它长着人的脑袋，有着狮子的身体，背上还长有一对翅膀。它天性凶残，常常潜伏在路口，用从智慧女神缪斯那儿学到的谜语拷问着过路的人们，猜对了才能通过，猜错了只能被吃掉。所以，落入它肚子里的人不计其数。

有一次，一位王子要过路口，可惜他猜错了谜题，被斯芬克斯吃掉了。国王知道儿子死后，心中愤怒不已，于是发出悬赏公告：谁要是能制服斯芬克斯，我就把王位让给他。重赏之下必有勇夫，聪明勇敢的青年狄浦斯应召前去为王子报仇。他走了很久，终于来到了斯芬克斯把守的路口。

斯芬克斯说：“小伙子，只有猜出我出的谜语，你才能通过路口。”

狄浦斯一点也不害怕，反而胸有成竹。

于是，斯芬克斯拿了一个最难的谜语考他。“这个东西能出声，早晨的时候用四条腿走路，中午的时候用两条腿走路，傍晚时却用三条腿走路。那么，这个东西是什么？”

“是人！”狄浦斯很快就说出了谜底。

对于狄浦斯的胜利，斯芬克斯很不服，于是又出了一个谜语：“这个东西能够变化，先能变长，后能变短，最后又能变长。”

“这太简单了，是影子！”狄浦斯想了一会儿，又说出了谜底。

斯芬克斯恼羞成怒，最后自杀了。

国王也遵守了承诺，将王位传给了年轻人。不过在让位之前，他让工匠们用整块巨石雕刻出了斯芬克斯的石像，目的是让人们永远记住这个恶魔。

这个神话故事与埃及神话并没有关联。不过，人们在狮身人面像双爪之间的记梦碑上发现了一则与古埃及有关的记载。

3400多年前，年轻的埃及王子托莫来到此处狩猎。可能是太累了，他坐在沙地上休息，不知不觉进入了梦乡。他梦到了一块石像，石像对他说：“我是伟大的神鹰胡尔·乌姆·乌赫特，黄沙将我掩盖，憋得我喘不过气，如果你能去掉我身上的沙土，我将封你为埃及的国王。”

王子醒来后，真的带来很多人，把狮身人面像从黄沙中挖掘出来，并在石像的南、西、北三个方向筑起了一面防沙墙。最后，王子真的做了法老，就是古埃及第十八王朝的法老王图特摩斯四世。只是经过漫长的岁月，狮身人面像再次被沙土淹没。

关于斯芬克斯的传说还有很多，在西亚神话和希腊神话中，它的形象和含义也都不同。总的来说，斯芬克斯有三种化身，分别是人面狮身、羊头狮身和鹰头狮身。

狮身人面像无疑是古埃及文化的代表，但羊头狮身像和鹰头狮身像在埃及也不少见。

在埃及南部卢索克城的卡纳克神庙中，那长长的甬道两旁排满了狮身羊面像。这些石像看上去很滑稽，那一张张羊脸栩栩如生。它们与吉萨的狮身人面像姿势一样，都是双爪置于前方，身体匍匐在地上。因为这些狮身羊面像，所以这条甬道也被称为“公羊之路”，或是“斯芬克斯道”。甬道长300多米，共有90多座狮身羊面像。

在埃及，狮子是人们崇拜的对象，它代表着智慧和权力，而人面一般以法老的面容为准。这暗示着法老希望得到狮子的智慧和权力，希望被埃及人民崇拜。可是这些狮身羊面像是怎么回事？为什么要将羊头安置在狮子身上？难不成法老们希望自己成为温顺的绵羊？

原来，在埃及的神话中，羊头代表着神力无比的阿蒙神，狮身则象征着威严、力量和王权，将两者结合在一起，也就衍生出无可匹敌的阿蒙神。那么，法老为何不继续将自己的头像安置在狮身上呢？因为卡纳克神庙祭祀的主神为阿蒙，在古埃及第十八王朝时，阿蒙神成了众神之王，是“万物的创造者”，只有得到阿蒙神的庇佑，法老和整个埃及才会欣欣向荣，否则就会灾难临头。法老们为了表达对阿蒙神的敬意，便不再将自己的头像雕刻在狮子身上，而是换上代表阿蒙神的羊头。当然，若是你够仔细的话，就会发现在狮身羊面像的脖子下，或是狮子的两爪之间有一个小雕刻，那上面正是法老的形象。

相对于狮身羊面像，鹰头狮身像要少得多，并且关于它的资料也少得可怜。

然而，世界上并不是只有埃及才有狮身人面像，只不过埃及的这座是最大、最古老的，别处的相对规模较小，或是羊头狮身、牛头狮身。

狮身人面像沟壑之谜

狮身人面像能屹立于黄沙中数千年，这无疑是个奇迹。不过，这个奇迹却饱受大自然的摧残，它变得残破不堪，尤其是表面的那些沟壑，这使它看上去更加苍老和神秘。那么，这些沟壑是怎么形成的呢?

这些沟壑很深，全都横行排列，密密麻麻地遍布狮身人面像的全身，就像是长了青春痘后留下的坑印。许多考古学家和地质学家考察后普遍认为，这些沟壑是风化造成的，原因是古埃及干燥的气候和经常刮起的强烈沙尘暴。不过，美国芝加哥大学的地质学教授让·哈尔夫可不那么认为。

有一天，让·哈尔夫的朋友给他寄了几张狮身人面像的照片。石像那奇怪的组合并没有引起哈尔夫的兴趣，倒是石像上那些星罗棋布的沟壑吸引了他的注意。他凝视了照片许久，最后用肯定的语气说:“这些沟壑肯定是因雨水冲刷而形成的!”此时的哈尔夫怎么也不会想到，再过不久，他将被自己所下的结论吓一跳。

哈尔夫不仅是地质学家，对气象学也很擅长。为了弄清楚石像沟壑的成因，他决定亲自前往埃及进行实地考察，而他的落脚点就是著名的观光区——吉萨。

吉萨不止有狮身人面像，还有举世闻名的金字塔群。经过漫长而严谨的考察，哈尔夫教授最终证实了自己的结论。他随即向人们宣布，狮身人面像上的沟壑是雨水冲刷造成的，并不是人们普遍认为的风沙侵蚀。他指出，只要研究一下狮身人面像的历史，就会发现“风蚀说”根本站不住脚。

那么，狮身人面像有着怎样的历史呢？据悉，石像被黄沙埋了数千年，从石像双爪间的记梦碑上可以得知，在公元前 1417 年—前 1425 之间的某个时间，第十八王朝的法老王图特摩斯四世曾将它挖出来过，但不久又被沙漠掩盖了。1798 年，拿破仑来到埃及，发现了石像的存在，不过这时的石像只有脑袋露出了地面，颈部以下仍然被黄沙掩埋着。直到 1817 年，石像才得到局部清理，1858—1885 年石像露出了大部分的身子，而它完全浮出沙面则是在 1926 年。

由此看来，狮身人面像受到风蚀的时间并不多，这么短的时间也无法造成石像上深而多的沟壑。再换一种说法，就算石像被风蚀了足够长的时间，那么它应该早就被侵蚀掉，或者如薄饼一般脆弱，而不是只是在表面留下密密麻麻的沟壑。

此外，哈尔夫表示，他敢下这样的结论，也与石像上深深的纵横交错的裂隙有关，因为这些裂隙明显是被大量的雨水侵蚀而形成的。

哈尔夫的研究成果被发表在世界学术年刊上，毫无意外，一片反对声哗然而起。这些反对的学者强调：狮身人面像约建在哈夫拉法老时代，那时的气候已经十分干燥，不可能有充沛的雨水，这样的话，怎么能造成雨水侵蚀石像的现象呢？一些犀利的学者更指责哈尔夫仅仅是个地质学家，一个对古埃及学一无所知的人所下的结论都是可以置之不理的。

面对这些反对的声音和难听的指责，哈尔夫教授选择平静对待，因为他早就预料到了。但无论如何，他都会坚持自己的结论，因为这是一名学者对科学该有的态度。如今，哈尔夫教授已经去世，即使人们在以后找出了造成石像表面沟壑的真正原因，他也不可能知道了。

狮身人面像不翼而飞的鼻子

作为古埃及的一大象征，狮身人面像几乎无人不知、无人不晓。它威严而富有传奇色彩，也是世界上已知的最古老的纪念雕像之一。但是狮身人面像身上有太多的未解之谜，比如它为什么没有鼻子，它的鼻子是怎么消失的。

最初，狮身人面像是有鼻子的，科学家们根据石像的面部比例测量出人面像的鼻子约有一米宽。而关于鼻子消失的原因可谓众说纷纭，主要有以下几种说法：

说法一：埃及金字塔规模巨大，修建时需要大量的劳动力，没日没夜的工作让埃及人民抱怨连连，最终发起了暴动。狮身人面像很不幸地成了他们的出气筒，鼻子就是在那个时候被工人们敲掉的。

说法二：古埃及中王朝时期，阿拉伯的一位酋长用加农炮打中了狮身人面像，这一炮不仅打掉了石像的鼻子，就连石像嘴角也轰塌了一块。直到现在，人们看到的狮身人面像的微笑都是残缺的。

说法三：在古埃及，狮身人面像被视为“大阳神”的化身，法老和臣民们对其有深深的崇拜之情。直到石像被黄沙掩盖了大半，一个反对崇拜的人爬上了沙丘，并用镐头狠狠凿击石像的鼻子，毁掉了石像的面容。

说法四：1798 年，拿破仑带兵攻打埃及，埃及人民全都臣服于他，唯有狮身人面像依然庄严宏伟地屹立着。拿破仑觉得石像是在挑衅他的威严，大怒之下，命人用大炮轰打石像，最终轰掉了石像的鼻子。这种说法是目前流传最广泛的一种，但这并不意味着可靠，因为根据历史记载，早在拿破仑来埃及之前，狮身人面像的鼻子就不翼而飞了。

说法五：狮身人面像鼻子的损坏是自然风化造成的。从石像的材质来看，主要是石灰岩以及部分花岗岩。这种材质虽然很结实，但也容易被强有力的撞击撞出裂痕，也就有可能被风化。更大胆地猜测一下，或许早在石像完成前，其鼻子处就有裂缝，经过多年的风化，鼻子自然会断裂脱落。

关于鼻子消失的说法还有很多，但都没有明确的历史记载。或许，人们在未来的某一天能明确地解开狮身人面像鼻子消失之谜，也有可能永远陷入谜团中。

狮身人面像的人脸之谜

狮身人面像是古埃及人民的艺术结晶，它矗立在胡夫金字塔旁，恰如一个守护神。它的脸凝视着东方，视线恰好与30° 纬线吻合，脸上表情阴沉而威严，给人以神秘的遐想。当站在它的跟前时，那张残缺不全的脸不自觉地让人思考起狮身人面像的面容刻画的是什么人？是男人还是女人？是平民还是法老王？

在古希腊神话中，斯芬克斯是女人的形象，但埃及的这座斯芬克斯石像明显雕刻的是男人，并且其面容是按照法老王刻画的。

为什么这么说呢？在古埃及，狮子代表了力量，而狮身人面像是“权力”与“威严”的化身，这很符合法老至高无上的身份，而且人们也在法老的陵墓中找到了狮子的骨骸。另外，石像的人面装束也与法老的装束一致。在石像上，我们可以明显地看到典型的古埃及法老佩戴的头巾，并且在石像的头部有一个法老标志性的痕迹——神蛇，只是经过多年的风吹雨打，神蛇早已消失不见，只留下一个痕迹。

既然狮身人面像的面容是按照法老的面容雕塑出来的，那么具体又是刻画的哪一位法老呢？

有学者推测是法老胡夫的面容。据说，狮身人面像是古埃及第四王朝的法老雷吉德夫修建的，他是胡夫的儿子、哈夫拉同父异母的兄弟。雷吉德夫十分崇拜太阳神，他的父亲胡夫则被他当作太阳神的化身，以至于后来根据胡夫的面容修建了这座纪念石像。也有部分学者认为，石像根本就是雷吉德夫根据自己的脸修建的。

另外一种说法比较传统，学者们认为，狮身人面像的脸是法老哈夫拉的面容，因为人们在石像两爪间的一块花岗岩石碑上发现了一个有关哈夫拉法老王的音节，这个音节被当作哈夫拉根据自己面容建造狮身人面像的重要证据。另外，人们发现了一座与狮身人面像比邻的神殿，神殿内有一尊哈夫拉法老的雕像，其面容与狮身人面像的面容十分相似。

芝加哥的马克·莱纳教授利用“摄形光学数据和电脑图像”的技术证明了狮身人面像就是对哈夫拉面孔的临摹，他在杂志《剑桥考古》上写道：“我们将电脑测算出来的狮身人面像面容数据绘制成网状结构的3D立体骨架模型，然后再在骨架上绘上皮肤，得出来的画像与哈夫拉的面孔十分相似。”

可是纽约的法医弗兰克并不认同，他花了二十几年时间研制出了一种犯人肖像识别器，又将狮身人面像和哈拉夫雕像的面容做了对比，得出的结论是：“从正面和不同角度的侧面看狮身人面像，其五官和面部的尺寸都让我得出了狮身人面像与哈拉夫的脸孔没有一点关系。”这也意味着，狮身人面像的脸并不是照着哈拉夫的脸雕刻的。

至今为止，人们还没有破解狮身人面像的人脸之谜，或许那块消失的鼻子是关键所在。

狮身人面像的建造之谜

在没有弄明白狮身人面像的脸刻画的是哪位法老之前，又有一个问题摆在人们面前，那就狮身人面像的建造之谜。

狮身人面像是在哪个时期建造的？又是谁创造了这一伟大奇迹？

现在最普遍的说法是，狮身人面像建造于古埃及第四王朝胡夫法老和哈夫拉法老的执政时期。

当然，也有很多学者不那么认为，比如美国学者约翰·安东尼·韦斯特。韦斯特对狮身人面像研究了很多年，他发现，石像既然矗立在吉萨平原西部的高崖上，那为何除了头部以外，整个狮身都有被水浸泡的痕迹？这不能归因于雨水的冲刷，因为它的脑袋相对而言干得太透了，唯一有可能的是，狮身曾经有很长一段时间浸泡在水中。根据资料记载，尼罗河流域洪水泛滥，曾多次淹没埃及，最后一次大洪水发生在公元前一万年左右。由此推断，狮身人面像真正的建造时间应该在公元前一万年以前。

对于这一观点，美国的大预言家埃德加·凯西也持赞同意见，并给出了更大胆的推测。他认为，狮身人面像不仅修建于一万多年前，而且它的建造者还是来自大西洲的亚特兰蒂斯人。不管这个观点是否站得住脚，但不可否认的是，他的观点为石像又增加了一道神秘的光环。

狮身人面像如此宏伟壮观，但奇怪的是，居然没有人邀功。因为到目前为止，人们还不确定究竟是谁主持建造了这座石像。不过，倒是有这么几个猜测：

猜测一：胡夫

这是考古学家们最初的猜测，他们认为胡夫建造狮身人面像是为了守护自己的金字塔。基于这种说法，不知什么时候出现了这样一段描述：在大金字塔快要竣工的时候，法老胡夫前来巡视。他发现采石场还剩下一块巨大的石头，于是令石匠们照着他的面容雕刻出一座狮身人面像。

猜测二：雷吉德夫

雷吉德夫是古埃及第四王朝的法老，他是胡夫的儿子、哈夫拉同父异母的兄弟。胡夫死后，埃及陷入财政危机，人民感到疲惫不堪，因为他们花了几个世纪为胡夫建造了一座价值不菲的金字塔。雷吉德夫意识到，若是再花大量的人力、物力和财力修建自己的金字塔，那么埃及定会陷入混乱。所以，为了减轻人民的负担，他选择为自己建一座规模较小的金字塔。此外，雷吉德夫特别崇拜太阳神，而他也将自己的父亲视为太阳神的化身，为此特地依照父亲的面容修建了一座狮身人面像纪念碑。

至于雷吉德夫的金字塔在哪儿，一些考古学家们推测，他的金字塔被哈夫拉夺了，也就是现在的哈夫拉金字塔，并且哈夫拉还杀了雷吉德夫，抢了他的法老之位。事实真是如此吗？人们并不能确定，因为埃及历史中关于雷吉德夫的资料实在是少得可怜。

猜测三：哈夫拉

随着对古埃及研究的深入，一些考古学家认为，狮身人面像是由胡夫的儿子哈夫拉法老主持修建的。证据有两点：

首先，狮身人面像两爪间的石碑上出现了一个有关哈夫拉法老的音节。法国比较权威的古埃及学者玛斯佩罗根据音节做出了解释：图特摩斯四世根据自己的梦清理出了被黄沙掩盖的狮身人面像，并在石像前立了一块石碑，为了表达对石像建造者哈夫拉法老王的崇敬之意，便将哈夫拉的名字记入了石碑中。

其次，考古学家们推测出的哈夫拉法老系列建筑蓝图。

1853 年，一个名叫奥古斯特的法国考古学家在狮身人面像附近找到了一尊雕像，雕像用黑色火山石雕刻而成，大小与哈夫拉法老真人一样。在雕像附近，他又发现了一处古遗迹，也就是现在的庙谷。这座庙谷和哈夫拉金字塔旁边的神庙被一条专门铺设的石道连接着。1925 年，另外一位法国考古学家在狮身人面像的正前方发现了另外一个古遗迹，也就是现在的斯芬克斯神庙。

考古学家们将这些建筑连成一条线，然后推断出哈夫拉法老伟大的建筑计划，计划包括了狮身人面像、哈夫拉金字塔、神庙等一系列建筑。当然，这并不只是猜想，人们找出了两个有力的证据：

1980 年，一位名叫汤姆 · 艾格纳的德国地质学家将狮身人面像和斯芬克斯神庙的岩石样做了对比，发现两处建筑的岩石很相似，研究后得出结论，神庙墙壁上的石头有很多都是从狮身人面像的巨石上凿下来的。至于古埃及人为何这么做，应该是出于“废物利用”的目的。而这正能有力地证明神庙和狮身人面像是同一时期的建筑。

此外，一位名叫雷纳尔的考古学家在斯芬克斯神庙外发现了 24 根竖立的石柱，这些石柱围成一圈，代表一天 24 小时。他发现，每到春秋分时，只要站在特定的位置就会看到一个神奇的现象：太阳落入狮身人面像的肩膀，之后又于哈夫拉金字塔的南面消失在地平线。他推测，哈夫拉根据太阳的活动轨迹铺设了自己的建筑蓝图，建造出哈夫拉金字塔、狮身人面像和斯芬克斯神庙等一系列建筑。

尽管如此，许多考古学家们还是持反对态度，依旧认为哈夫拉的系列建筑蓝图只是一种猜测和臆想。

先不论主持修建狮身人面像的人是谁，摆在眼前的另外一个问题是：谁建造出了狮身人面像?

1990 年，一个美国游客前往埃及旅游，在距离狮身人面像 800 米时，突然从马背上摔了下来。原来，他的马被一道矮墙绊倒了。

这里怎么会有一道矮墙?这引起了埃及古文物学会秘书长、考古学权威专家扎希·哈瓦斯的注意。展开调查后，他发现这里有一个古埃及王国的公墓。粗略统计了下，有 600 多人埋在此处。在公墓的中央有一个墓碑，上面标注死者的身份是个监工。周围都是一些普通坟墓，虽然没有身份说明，但不难推测出这些墓主人的身份是劳工。可能是因为哈瓦斯没有发现特别的信息，这个公墓很快被遗忘了。

9 年后，考古学家雷纳尔在公墓附近发现了一座失落之城。应该说，从 20 世纪 80 年代开始，这里经常有古建筑被发掘。当然，这个发现也引起了哈瓦斯的关注。

雷纳尔和哈瓦斯对这片古建筑遗址进行了测量和绘图，结果让他们大吃一惊，原来这片遗址是一片居住地，足足有 10 个足球场那么大，建造时间可以追溯到哈夫拉法老的统治时期。居住区的中心有 4 个用长条泥砖修筑而成的营房，营房内有柱廊、睡台、厨房等功能区，与现代的房屋没什么两样，只不过规模上大了许多。每个睡台的长度可以睡下 50 人，整个营房可以容纳 1600—2000 名工人，如果睡台是双层的话，那么容纳的人数可以翻倍。另外，他们还在遗址中发现了雄性牲口的遗骨，经过鉴定，这些遗骨属于牛、羊等家畜。由此，两人推断住在营房内的并非奴隶，很有可能是古埃及平民百姓，他们通过每隔一个季度的轮换方式来修建狮身人面像和周边的建筑。

狮身人面像距今已有数千年，那个时期古埃及人还不懂得炼铁，他们的工具主要为石锤或铜质的凿子。不过，这些铜凿需要经常更换，因为其质地根本不耐敲打，仅仅数下后，凿头就会变钝。综合各种因素，考古学家得出，每个古埃及人一个星期仅可以凿下约 0.03 立方米的石块，想要完成狮身人面像的雕琢工作至少需要 100 个工人，并且得花 3 年的时间。

说了这么多，我们还是没有探索出狮身人面像的建造之谜。不过，相信在不远的将来，人们一定能找到确切的证据，解开这个千年谜团。

掩藏在狮身人面像下的秘密

埃及的金字塔是法老们的陵墓，所以塔内有一座座的墓室。那么，守卫着金字塔的狮身人面像下是不是也有密室呢？

有许多专家和学者认为，狮身人面像是远古文明留下的产物，距今有 1.2 万年的历史。美国著名的预言家曾说过，如果人类真的在狮身人面像下找到密室或远古文明的记载，那么就可以弄清楚这样几个问题：我们是谁？我们来自哪儿？生命是怎么回事？为此，许多科学家借助雷达技术，想要证明狮身人面下有一座神秘的密室。

权威的埃及考古学家哈瓦斯博士表示："狮身人面像下确实有一座规模巨大的宫殿，它的主人是专门衡量人间是非功过的天神奥西里斯。"他还表示，这是他一生中最伟大的发现，他之所以宣布这个消息，是因为得到了埃及政府的同意。他还描述出，奥西里斯地下神殿有 3 层，最底下的一层是神殿的主室，而且有被水淹过的痕迹。神殿内有 4 根巨大的神柱，一副被水淹没的石棺置于神柱中央。

比较可惜的是，这里并没有披露有关于人类的秘密。但不可否认的是，如果事实真如哈瓦斯博士所言，这绝对是令人震惊的发现。目前，人类对于狮身人面像的探索工作还在进行当中，也许在不久的将来能找到某些隐藏的秘密。此外，考古人员向人们展示了一些奇特的东西，其中有几幅精美的壁画，壁画上的图案与现今的宇宙飞船和直升机很相似。令人惊讶的是，直升机的外形与美国空军使用的名为“阿帕奇”的直升机外形如出一辙。

当然，关于地下神殿的说法并不是空穴来风，在埃及的众多神话和预言中都曾提到狮身人面像下有一座巨大的宫殿。埃德加·凯西作为20世纪最杰出的预言家，也曾预言过大金字塔和狮身人面像，他自称接到过有关大金字塔和狮身人面像来历的超自然信息，而每当世纪交汇的时候，他的预言就会成真。他曾预言，在19世纪末人类将会发现吉萨大金字塔的入口。果然，1881年时，英国探险家霍华德·维斯真的发现且打开了金字塔的入口。埃德加更大的预言是：在20世纪90年代末，人类会在狮身人面像的爪子下发现一个规模浩大的密室，更确切的说是档案馆，里面有许多古老的资料，人们可以在资料里找到人类的起源和智慧的根源。

很显然，埃德加·凯西预言的时间已经过去了，那么人类真的发现了掩藏在狮身人面像下的“档案馆”了吗？

最近，美国和英国的科学家们利用地震勘测法对狮身人面像进行探测，结果显示：狮身人面像的下方确实存在一个规模浩大的建筑群。正当人们想进一步研究时，埃及政府和文物部门出来制止了，他们将探测的那片土地列为禁地，并禁止所有人对这片土地的研究。对于埃及政府如此反常的行为，很多专家认为，埃及一定发现了狮身人面像下掩藏的秘密，他们因为震惊与害怕，才不敢向世人展示。

如今，人们对狮身人面像的探索热度有增无减，人类真的能狮身人面像的地底下找寻到那段失落的高度发达的文明吗？在不远的将来，这个疑团终将解开。

第四章

可怕的法老诅咒

“谁打扰了法老的安宁，死神的翅膀将会降临在他头上。”

这是埃及金字塔幽深的墓道中刻着的一句令人毛骨悚然的咒语。人们曾经以为，这些咒语是用来吓唬那些盗墓者的，可是随着对金字塔的探索和挖掘，离奇的死亡事件一件接着一件发生。不论是探险家还是盗墓者，他们都没有逃过法老的诅咒。那么，这真的是法老的诅咒灵验了吗？

来自图坦卡蒙的诅咒

埃及有雄伟瑰丽的金字塔，有巍峨壮观的狮身人面像，有神秘莫测的木乃伊，但最震撼的还是那令人毛骨悚然的诅咒——法老的诅咒。其中最著名的诅咒事件与少年法老王图坦卡蒙有关，诅咒的开端要从这位少年法老的墓室被打开时说起。

1922 年，英国考古学家霍华德·卡特和卡纳冯勋爵在埃及帝王谷一座金字塔的脚下发现了一条古老的地下通道，这个通道一直通往有着 3000 多年历史的古埃及法老的陵墓。为了找到这个墓穴，霍华德·卡特付出了几十年的精力，而卡纳冯勋爵则投入了大量的金钱。

当时，卡特小心翼翼凿开陵墓大门的一角，卡纳冯站在后面睁大眼睛朝里看。随着墓门一点点被凿开，两人的心不约而同地提到了嗓子眼。在昏暗的墓门前，卡特举着手电筒朝墓中照去，他没有说话，而这诡异的寂静让卡纳冯急坏了。

“你看见了什么？”卡纳冯用嘶哑的嗓音询问。

卡特转过身子，眼睛里闪烁着奇异的光芒，结结巴巴地说：“我看见了一个奇迹，一个不可思议的奇迹。”

卡纳冯拿过卡特的手电筒，视线随着灯光落入墓穴内，眼前的场景让他震撼不已。墓室里堆满了精美的宫廷用品，他敢肯定这些东西 3000 年来从未被人碰触过。里面有不计其数的珠宝箱，有豪华的黄金战车，有镀金的大狮子和法老的金棺，甚至还有一个雕琢精美的莲花宝座。这一天注定是个不平凡的日子，因为他们发现的墓穴正是古埃及第十八王朝少年法老王图坦卡蒙的陵墓。

根据历史记载，图坦卡蒙统治埃及 9 年，死于 1323 年，死时只有 18 岁。或许这位少年法老怎么也没想到，在 3000 多年后的某一天，他会成为震惊全世界的人物。

图坦卡蒙的陵墓由 4 个墓室组成，当时墓室的地面上散落了许多金银珠宝，很显然墓室曾经被盗墓贼光顾过。但奇怪的是，这些盗墓贼不仅什么也没拿走，而且离开时又重新封闭了墓门。他们为什么这么做？当时遇到了什么？这都让人好奇不已。

据统计，墓室的陪葬品达 5000 余件，有珠宝、家具、衣物、化妆品、工艺品、兵器等等。其中一个墓室内有三张雕琢着怪兽的金床，床边有两个真人大小的武士雕像，他们手拿锤矛，身穿金裙，看上去栩栩如生、威风凛凛。除此之外，墓室内还有镶着宝石的王座、制作精美的乐器、手艺精湛的花瓶……但最压轴、最激动人心的文物当属图坦卡蒙的金棺。金棺上写着法老的名言——“我看见了昨天，我知道明天。”

当人们打开棺木时，图坦卡蒙的木乃伊安静地躺在棺内。它的脸上戴着一副黄金面具，经过 X 光检查，人们发现面具和法老本人脸上都有一块伤疤，不同的是深度不一，因此学者们推测这副面具与图坦卡蒙的面容一模一样。木乃伊身上裹着一层薄薄的麻布，胸前放着精美的领饰，手里拿着枷链和钩索，可惜的是，上面的矢车菊、百合、荷花等色彩已经掉落。此外，它的身上还戴满了项圈、护身符、戒指、手镯等饰品。

图坦卡蒙墓室的文物太多了，人们用了整整 10 年的时间才将墓穴整理完毕。现今，那些文物被开罗的埃及国家博物馆收藏。

你们以为事情到这就已经结束了吗？不！故事才刚刚开始。因为那些参与挖掘的 20 多人在相隔不久的时间内全都死去，且死因离奇。久而久之，人们觉得是法老的诅咒在作怪，原因是那些人打扰了法老们安息。后来，人们在图坦卡蒙的墓室内发现了几处铭文，一处写着：“谁打扰法老安息，死神的翅膀将会降临在他头上。”还有一处写着：“任何心怀不轨的人进入陵墓，我都会掐住他的脖子，就像掐住一只鸟儿一样简单。”

这些铭文为法老的诅咒增添了一缕神秘色彩。那么，法老的诅咒是真的吗？我们不妨从那些死于“诅咒”的人身上寻找一些蛛丝马迹。

第一位死于图坦卡蒙法老诅咒的是发现陵墓的卡纳冯勋爵，死因是脸颊上的一个肿块。据说，卡纳冯进入墓穴时，他的左脸被什么叮咬了一下，当时立马感觉到肿胀疼痛。出了墓穴后，他患上了败血症，不仅发起高烧，牙齿也一一掉落，整个人看上去疲惫不已，像是受到了巨大惊吓，身体和精神状况也越发糟糕。3 月初，卡纳冯搬去了开罗，脖子莫名变得肿胀，且引发肺炎。几天后，他住进了当地的一家医院。为此，他的妻子特地从英国赶来照顾他，儿子也从印度来看他。到了当月下旬，卡纳冯的病情不但没有好转，反而更加严重。他持续 12 天高烧烧到了 40 摄氏度，据医生说，这次高烧源于伤口感染，因为卡纳冯在刮胡子时不小心割破了一小块皮肤。之后，卡纳冯的妻子通知了霍华德·卡特，卡特来到开罗后才知道卡纳冯患上了败血症。

1923 年 4 月 15 日凌晨，值班护士被卡纳冯歇斯里地的叫喊声惊醒了。当时卡纳冯大喊大叫：“我完了！我完了！我听见死神在召唤我了……”护士刚要去查看他的情况，医院忽然停电了，到处漆黑一片，5 分钟后才恢复电力，至于停电的原因，至今还是个谜。当人们赶到卡纳冯的病床前时，他瞪大双眼，满脸惊恐，在断气之前，断断续续说了几个字：“图……图……图坦卡蒙三……

我难受……”他嘴里喊出的恰好是法老的名字。

后来，人们用 X 光检查图坦卡蒙木乃伊时，发现这位法老的左脸上也有一个伤痕，离奇的是，居然与卡纳冯左脸上的肿块不论形状、大小、位置都一模一样。人们无疑被吓到了，纷纷认为这是法老的诅咒。当时报纸报道了这件事，标题写着：“法老开始报仇了，因为卡纳冯伯爵叨扰了法老们安息。”

卡纳冯的死亡只是事件的开始，后面陆续有人死去。紧跟其后的是照顾他的护士，此人不仅突然死亡，甚至连原因都没找到。他的老朋友、美国铁路业巨头乔治·杰戈德听闻这件事后，特地参观了图坦卡蒙陵墓，第二天也发高烧死去。

1926 年，法国考古学家乔治·贝内迪特进图坦卡蒙的墓室时不小心摔了一跤，这一跤却要了他的命。同一年，参观墓室的还有勒·弗米尔教授和英国实业家乔尔·伍尔，前者于当天晚上在睡梦中去世，后者也因发高烧死去。当然，并不仅仅是参观了图坦卡蒙墓室的人离奇死去，第一个揭开图坦卡蒙木乃伊裹尸布的解剖学专家伯尔特·德利教授也去世了。据说，他只是拍了几张 X 光片，后来莫名发高烧，身体越来越差，隔年就死在了伦敦。

此后的几年，卡纳冯和霍华德·卡特的几个助手及调查的学者专家们都纷纷神秘暴毙。

亚瑟·梅斯是位考古学家，是卡特最得力的助手，他在帮助卡特打通图坦卡蒙陵墓最后一堵墙后，身体变得越来越差。这一年，他莫名其妙陷入了昏迷，并在旅馆中死去。据说，卡纳冯生前最后住的就是这家旅馆。同一年，卡特的另外一位助手也发高烧死去。到了 1929 年，卡特又一位助手被死神召唤，死于心脏病突发。此外，一个由卡特陪同参观图坦卡蒙墓室的美国人在参观完的次日突发高烧死去。

为了弄清楚图坦卡蒙陵墓内的一些谜团，阿·萨·C. 麦斯教授和埃普林·霍瓦依特博士主动与失去助手的霍华德·卡特一起去陵墓探究。可惜的是，他们都没有逃过死神的镰刀。阿·萨·C.麦斯教授在进入放置图坦卡蒙棺木的房间时，忽然倒地，全身抽搐，不久就没了呼吸。埃普林·霍瓦依特走出陵墓后便感觉身体不舒服，几天之后上吊自杀，他在临死前咬破手指，写下了一封鲜血淋漓的遗书，上面最有深意的一句话是："我是因为法老的诅咒离开这个世界的。"

最让人百思不得其解的是，卡纳冯伯爵的妻子也于1929年去世。据当时的报道说，她也是被虫子叮咬而死的，叮咬的位置也在左脸。

短短的几年里，陆陆续续有20多人死亡，死因全都离奇古怪。此后，人们度过了一段平静的日子，然而没过多少年，法老的诅咒又席卷而来。

1966年，法国希望埃及能在其首都巴黎举办一场文物展览。埃及同意了，为了表达诚意，将会展出图坦卡蒙墓室内最珍贵的文物。当时主管埃及文物的官员穆罕默德·亚伯拉罕对此事持反对意见，他不希望展出图坦卡蒙墓室的文物，因为他做了一个怪异的梦。梦里有个声音不停地警告他，如果图坦卡蒙墓室内的珍宝离开埃及，那么他将会死于非命。穆罕默德作为埃及本地人，对法老的诅咒深信不疑，所以才极力阻止文物在巴黎展览。然而，他的理由太过荒唐，没有人听取他的意见。就在他妥协后的当天，一场车祸要了他的命。

1972年，图坦卡蒙墓室的珍宝和其他埃及文物远赴英国展览，就在人们打包文物的时候，开罗博物馆馆长加麦尔·梅赫莱尔突然死亡，死因是心脏病发作。他的死亡并没有阻止文物前往英国，在文物正式展览的前一天，负责安排展览事项的承包商人也猝死了。后来，图塔卡蒙脸上的黄金面具在旧金山展出，奇怪的是，负责警戒的警官乔治·拉布希在执勤时心脏病突发。事后，他对这次发病做出解释："当我站在面具前的时候，似乎有种力量在我的背后干扰我。”

还有一件离奇事件不得不说。当时，多位著名的埃及考古学家和医学界的专家准备利用X射线对图坦卡蒙的木乃伊进行CT扫描，他们试图从扫描合成的三维立体影像中得出这位少年法老王的死亡年龄和死亡原因。可是在扫描的当天，参与这个研究的10人小组遇上了一系列怪事。比如，他们从埃及帝王谷乘坐汽车回研究所，路上差点遭遇一场夺命车祸；在进行CT扫描实验时，计算机无缘无故死机，两个小时后才恢复正常；在对木乃伊进行扫描的那天，帝王谷突然刮起了沙尘暴……这一连串的意外吓得科学家们出了一身冷汗，心里不约而同地认为与法老的诅咒有关。

我们将所有死亡的人串联起来，不难发现一个共同点，那就是这些人都与图坦卡蒙陵墓、木乃伊、文物等接触过。他们的病态通常为发高烧、中风、突发心脏病等。如此说来，法老的诅咒真的显灵了吗？

根据调查，第一批进入图坦卡蒙陵墓的人员中，非正常死亡的只占5%而已。此外，一些学者还认为，法老诅咒事件其实是一个名叫阿瑟·伟格尔的记者杜撰出来的。据说，阿瑟·伟格尔是霍华德·卡特的好友，当初卡特答应由伟格尔率先报道有关图坦卡蒙陵墓的新闻，但是卡纳冯不知道卡特和伟格尔有协议，所以找了其他记者报道此事。为此，伟格尔怀恨在心，于是杜撰了法老诅咒事件。

1934年，一位埃及考古学者用数字论证证明法老诅咒的荒谬之处。当时有26人见证了图坦卡蒙陵墓被打开，在此后的10年里，只有6人相继死去。而见证开启图坦卡蒙棺木的22人中，只有2人死亡。至于亲眼见过图坦卡蒙木乃伊的10个人，在20世纪30年代依然活得好好的。

最后一个更大的疑点是，在列举的死亡人员名单中，我们并没有看到霍华德·卡特的名字，要知道卡特同样是打开图坦卡蒙墓室的“主犯”。现实中，卡特死于挖掘工作的16年后，死时65岁，他比任何人都有资格嘲笑所谓的“法老的诅咒”。当然，深信法老诅咒的人认为，卡特之所以没死于诅咒，是因为法老宽恕了他，由与他一同踏入墓室的女儿伊布琳·卡特代替他死亡。

这样的认定是否太过牵强？

不！因为人们发现他女儿上吊自杀后留下了一份诡异的遗书，上面写着：“我再也无法忍受诅咒的折磨了！”

不管法老的诅咒是真是假，经过电影和小说的渲染，它都变得更加光怪陆离。奇怪的是，人们的好奇心也没有因那么多人的死亡而消退，反而越发高涨，越来越多的人试图揭开这个灵异的谜团。

亚曼拉公主的诅咒

据说，古埃及有一位名叫亚曼拉的公主，她去世后，埃及人按照惯例将她制成了木乃伊，并埋葬在帝王谷中。这位公主生前默默无闻，死后却名声大噪。自20世纪以来，只要人们听到“亚曼拉”这个名字，无不胆颤心惊。那么，亚曼拉公主究竟有什么魔力？她怎么会成为恐怖的代言人呢？或许从下面发生的故事中，我们能闻到一丝诡异的味道。

1890年，埃及迎来了4位年轻的英国游客。其中一个年轻人出于对埃及文明的喜爱，通过当地的文物贩子购买了一副具有数千年历史的古埃及棺木，而棺木中躺着的正是亚曼拉公主的木乃伊。棺木很普通，不普通的是棺盖上刻着的铭文，它们好像有魔力一般，几个年轻人看过这些文字后，不由得毛骨悚然，但他们骨子里的英国式傲慢迫使他们拼命压下心头的不安和恐惧。之后，木乃伊被运回他们居住的饭店，而一连串的诡异事件也由此拉开了序幕。

回到饭店后，那位购买木乃伊的年轻人像是着了魔一般，他没有通知任何人，身上也没带一点食物、饮用水和求生工具，就这么散步似的走进了广袤无垠的沙漠，从此再也没有出现过。隔天早上，另外一个年轻人祸不单行，居然在街道上遭遇了枪击。后来，木乃伊被运回英国，厄运也如影随形，剩下的两个年轻人，其中一个迅速破产，另一个在生意和家庭生活上都极其不顺，最后穷困潦倒，病魔缠身。

至于亚曼拉公主的木乃伊，它又被英国一位热爱埃及文化的富商收藏了。这位商人收藏没几日就遭遇了车祸，他居住的别墅也被一场突如其来、找不到源头的火灾烧得片甲不剩。商人觉得这些灾祸是亚曼拉公主带来的，恐惧之下，便将木乃伊捐给了大英博物馆，而亚曼拉公主诅咒的传闻也越传越广，越传越玄乎。

大英博物馆欣然接受了富商的馈赠，就在将木乃伊运到博物馆的途中，一系列怪事接踵而来，比如负责运送木乃伊的卡车撞伤了路人，负责搬运木乃伊的工人不是忽然受伤就是莫名死亡，但最终亚曼拉公主的木乃伊还是被妥善运至博物馆，并放置在博物馆埃及馆的陈列室内。也是从这个时候起，亚曼拉公主才释放出她真正的“魔力”。起先是负责夜间巡守的警卫们经常能听到棺木附近传来阴森恐怖的哭泣声和敲击木板的声音，不久后，其中一名警卫神秘死亡。这引起了博物馆高层的重视，他们似乎也逐渐相信这位死了数千年的亚曼拉公主会施展恐怖的诅咒。于是，一位主管决定将木乃伊放置在博物馆的地下室内，而这位主管却在做出决定的一周后死在自己的办公桌前。当时还有一位给木乃伊拍照的记者也在家中持枪自杀，人们在他拍摄的照片中看到了一张本不该存在的狞笑着的人脸。

这一系列不寻常的事件让大英博物馆饱受折磨，最终他们将木乃伊卖给了一位私人收藏家。这位收藏家显然听说了亚曼拉公主的恐怖魔力，所以他在买下木乃伊的第一时间就请来了当时全欧洲最著名的通灵大师波拉瓦茨基夫人为木乃伊举行驱邪仪式。仪式进行了很长时间，最终还是以失败告终。波拉瓦茨基夫人宣称：“亚曼拉身上有着无穷的邪恶力量，恶魔就像影子一样陪伴她一生，任何人都对她无可奈何。”事后，她提醒那位收藏家要尽快处理掉木乃伊，可惜那位收藏家并没有那么做。

过了十多年后，辗转流离的亚曼拉公主木乃伊被一位美国考古学家买下，这位考古学家是现实主义者，对那些所谓的灵异现象持嘲弄的态度，所以并不相信亚曼拉公主的诅咒。为了能将木乃伊妥善运到美国，他选择让当时初次下水航行且制造技术最先进的泰坦尼克号巨轮运载。当时，木乃伊被放置在船长室，谁都没有发现棺盖上不吉利的铭文。

1912年4月，天灰蒙蒙的，成千上万的人聚集在英吉利南部的南安普敦港，在为泰坦尼克号的初次航行送行。巨轮的甲板上，绅士和贵妇们朝人群挥手，脸上洋溢着即将远航的激动，他们怎么也不会想到，之后巨轮将会撞上冰山。

灾难发生时，大量海水涌入船舱，抽水机的功效微乎其微。乘客们浑然不知发生了什么，或者对眼下的险境毫不在意，依旧在船舱上层的豪华舞厅内载歌载舞。后来，船员们知道无法挽救泰坦尼克号了，但他们并没有将真相告知乘客，而是以海难演习的名义将乘客召集到紧急疏散的甲板上，让妇女和儿童先登上救生艇。很快，其他乘客发现不对劲，因为泰坦尼克号正在下沉！他们争先恐后地攀爬救生舱，秩序变得混乱起来。

船长下令放信号箭，诡异的是，这艘巨轮上居然没有用于求救的红色火箭，只有几支用于庆祝的白色火箭。报务员杰克·菲利普斯不厌其烦地一遍遍拍发海难求救信号，直到生命的尽头。终于，奥林匹克号接到求救信号，并派了6艘船前去救援，距离出事地点几百海里远的喀尔巴齐亚号也迅速赶去。怪异的是，当时距离泰坦尼克号最近的两艘船居然没有接收到求救信号。也因此，泰坦尼克号上的乘客们错过了最佳的救援时间，也促使这次海难成为历史上最悲惨的海难事件。

另外，在泰坦尼克号出发前还发生了这样几件怪事。

当时，一位来自英国伦敦的实业家在泰坦尼克号出发的最后一刻突然决定放弃自己的船票，这源于他几天前做了一个不可思议的梦。在梦中，泰坦尼克号沉入大海，乘客们争先恐后地逃上救生舱，许多孩子和妇女因拥挤而掉入大海。最终，绝大数人被无情的大海吞噬，获救的人寥寥无几。朋友们听说他放弃这次旅行的原因后全都嘲笑不已，等泰坦尼克号真的出事后，大家才觉得他逃过了一劫。

同样做了怪梦的还有一个14岁的小女孩，她是泰坦尼克号上工作人员的侄女。在巨轮出事的那晚，她梦见一艘大船突然沉入海底，而且还听到一声阴森恐怖的尖叫声。此外，一艘客船上一个名叫杰西的少女在即将死去前出现了幻觉，她将幻觉告诉了船上的上尉。她说她看见一艘巨轮在下沉，一个名叫瓦里的小提琴手拉着悦耳的曲子朝她走来，之后女孩永远地闭上了双眼。上尉听后震惊不已，小提琴手瓦里是谁？他是泰坦尼克号的乐队指挥！他在几年前就认识这位出色的小提琴家了，但他可以肯定，死去的少女是绝对不认识瓦里的。而知道泰坦尼克号遇难后，他不自觉地感到毛骨悚然。

后来，人们将泰坦尼克号出事归咎于亚曼拉公主，认为是亚曼拉公主的诅咒导致了这场悲剧。有学者有板有眼地指出，泰坦尼克号上接触过木乃伊的人绝大部分出现了神经错乱的状况。就如老船长爱德华·史密斯，他在驾驶泰坦尼克号的最后一天做出了一些让人匪夷所思的决策，像选择非正常的航道、过分提高船速等等，而在泰坦尼克号遇难后，船员们发出的求救电报也离奇地晚。

泰坦尼克号真的受到了亚曼拉公主的诅咒吗？又或者说亚曼拉真的有诅咒的能力？真相如何，一切还得从“亚曼拉”这个名字说起。

“亚曼拉”一般被翻译为“阿蒙·拉”。在古埃及神话中，“阿蒙”是隐形之神。一开始，阿蒙只是底比斯的地方小神，直到埃及新王国时期才被提升为众神之王、创世神、法老之父，而且多数以戴着高帽子的男性形象出现。在埃及，神的侍奉者是祭司之类的人，绝不会是什么公主，所以所谓的“亚曼拉公主”

其实是“阿蒙·拉女祭司”的错误解读。

至于亚曼拉的木乃伊，根本就是子虚乌有的存在。不过，大英博物馆中确实有一件和“阿蒙·拉女祭司”有关的东西，那是一块彩绘的内棺盖。考古学家断定，这个棺盖是古埃及二十一王朝晚期至二十二王朝早期时候的产物。棺盖上有一幅画像，可以看出它的主人是位女性，上面还刻着一些宗教祷告词。除此之外，人们再也没有发现有关她的名字和身份的信息了。至于棺木中的木乃伊，可能留在了埃及，反正大英博物馆没有收藏过。再者，这块棺盖是1889年提供给大英博物馆收藏的，这比上述故事中4个年轻的英国人到埃及旅游还要早，可见故事中由富商收藏家捐献给大英博物馆的事件是不存在的。另外，泰坦尼克号历史协会的主席曾查阅过巨轮上的载货清单，发现上面并没有木乃伊、棺盖之类的东西。

由此可见，上述故事中有关亚曼拉公主的诅咒事件都是子虚乌有的。既然如此，故事是怎么产生的，又是怎么广为流传的呢？

这得从两个英国人的身上寻找答案。这两个英国人，一个名叫William Stead，一个名叫Douglas Murray。前者是知名的自由派记者，他对灵异传说异常痴迷，并创办了这方面的报刊。后者据说是个埃及学家。两人编造了一个有头有尾的故事，讲述他们得到了一具木乃伊，之后木乃伊被运到英国，并被他们放置在一个朋友的家中。据他们说，隔天早上朋友家里就发生了怪事，放置木乃伊的屋子里能碎的东西居然全都碎了。之后木乃伊被他们搬去了另外一个房间，结果发生了同样的事。反正不管木乃伊运到什么地方，灾难就会到什么地方。

没多久，两人参观了大英博物馆，当看到彩绘的棺盖后，又编了另外一个故事。他们说棺木中的木乃伊属于埃及一位名叫亚曼拉的公主，木乃伊身上藏着一个痛苦的灵魂，它将带着诅咒降临人世。后来，故事传到了一个新闻记者的耳中，记者添油加醋地将两个故事结合在一起，不仅使得故事更加离奇，传播范围也越来越广。

1912 年 4 月 12 日，William Stead 登上泰坦尼克号，去美国参加一个和平论坛会议。在船上，他将他们编造的木乃伊故事再次有声有色地告诉了乘客们。没过几日，巨轮撞上了冰川，William Stead 没能幸免。其中一位幸存者对 William Stead 编造的故事深信不疑，并向媒体讲述了有关木乃伊的故事。事后，媒体们又将所有的事混在一起并加以演绎，就成了泰坦尼克号是因亚曼拉公主的诅咒而遇上海难的，木乃伊也随泰坦尼克号沉入了海底。

如今，100 多年过去了，版本越来越多，我们之前所说的故事也是在这百年内诞生的。如果你对这些离奇的故事很感兴趣，不妨去大英博物馆一趟，因为那块彩绘的棺盖至今还在博物馆中展览着，去看看那棺盖是否有着令人毛骨悚然的魔力。

诅咒的猜测

法老的诅咒是守护陵墓的武士，不仅守护法老们得以安息，也给予那些闯入陵墓的人惩罚。对于诅咒是否真的灵验，科学家们众说纷纭。而对于那些所谓死于“诅咒”的人们，学者们给出了以下几种主流说法。

第一种说法：真菌说

1989 年，美国考古学家肯特·威尼斯接到一个任务——前往埃及帝王谷主持挖掘一座编号为 K-V5 的陵墓的工作。这座陵墓内沉睡着一位王子——埃及十九王朝拉美西斯二世法老的第四十八位王子。当陵墓被打开时，里面空空如也，很显然这座陵墓已被盗墓贼光顾过了。但它依然给挖掘者们留下一个意外惊喜：人们在这座阴暗潮湿的墓穴中发现了一团团奇怪的东西。这些东西好似有生命一般，它们以木乃伊和陪葬的食物为食，吮吸着墓室内潮湿的水汽。不可思议的是，这些东西不需要氧气。科学家们研究后发现，这些东西为一种真菌，且为致命真菌。

根据图坦卡蒙陵墓的挖掘资料，人们发现了一条重要的信息。在打开图坦卡蒙陵墓的时候，墓中也有许多团奇怪的东西。学者们推测，这些东西和王子陵墓内的东西为同一种东西，都是致命真菌，也正是这些真菌导致了卡纳冯勋爵和众多挖掘人员的死亡。对此，开罗大学生物系的阿扎丁·塔哈教授也赞同，他为部分死去的参与图坦卡蒙陵墓挖掘的考古学家和工作人员做过身体检查，确定这些人是因为感染了真菌去世的。另外，德国的研究人员也在图坦卡蒙陵墓中发现了一种致命真菌，他们推测，这些真菌侵入人体后，容易引发致命癌症。

可让人百思不得其解的是，为何那些参与挖掘王子陵墓的学者们都活得好好的呢？要知道他们也与致命真菌接触过呀！

原因是，随着时代的进步，科学技术也日新月异，人们已经懂得隔离的重要性。所以，当考古学者进入王子陵墓时，他们率先穿戴了隔离服、口罩、手套等。而在挖掘图坦卡蒙陵墓时，人们还没有隔离的意识，且科技较落后，有的学者仅仅只在鼻子下面放了块橘子皮，这除了能冲淡墓室的异味外，根本不能隔绝真菌与身体的接触。

第二种说法：毒药说

根据历史记载，在古埃及最早的前王朝时期，当时的第一位法老王就让人种植有毒的植物了，埃及祭司更是人类历史上最早、最擅长利用毒药的一群人。之后，人们又在曼尼斯法老时期的文书上发现许多有关毒物的使用方法，上面不但有鸦片、砒霜、附子等，甚至还包括氰化物。除此之外，古埃及人还将毒蟾蜍视为圣物，给予它至高无上的地位，由此可看出当时的人对“毒”的崇拜。

有学者推测，古埃及人为了保护法老的陵墓，极有可能用剧毒当作武器。比如陵墓内的精美壁画，人们在那五彩斑斓的色彩中发现了各种剧毒成分。还有一种可怕的毒素，人们称之为“尸毒”，这种毒可引发脑膜炎等必死之症。这些毒素封闭在法老的陵墓内，所以那些最初进入陵墓的人，身体或多或少会受到伤害，严重的还会毙命。

第三种说法：放射性辐射说

纵观那些死于“法老的诅咒”的人，他们除了发高烧、中风、突发心脏病死亡外，更多的是癫痫、血液循环系统损坏。于是有人提出，那些参与挖掘图坦卡蒙陵墓的工作人员和学者是死于放射性辐射。这种说法被大范围传播，人们也找出了大量的证据。

在埃及的中部，人们发现了铀矿石，而埃及金字塔的一部分就是由带放射性的石料砌成的。所以部分学者们认为，古埃及人很早以前就发现了放射性铀的作用，并用它来保护法老的陵墓。此外，在法老的木乃伊身上，人们发现那些护身符是用纯度较高的铀矿石制成的，再不济也受到过辐射加工。

比如泰坦尼克号的海难事件，据说轮船上的那具木乃伊身上佩戴着一块符咒，符咒上是死神奥西里斯的画像，并写着这样一段话：“快从沉睡中苏醒吧，没有什么能够伤害你。”之后，与木乃伊有过接触的人都会出现神志不清的状况。就像船长，在泰坦尼克号出事的前一天，他不仅选择了非正常的航道，而且加快了轮船的行驶速度。海难后，很多学者认为，木乃伊身上的符咒应该是由带有放射性的物质制成的。当然，现在已经无从考察，因为巨轮已经沉没。

第四种说法：心理压力说

据研究，那些死于“诅咒”的人绝大多数是第一次接触金字塔。他们带着强烈的好奇心前往陵墓，走过漫长幽暗的墓道，再加上金字塔、木乃伊、诅咒的传说，自然而然产生一种畏惧的心理。这对心理素质薄弱的人来说，绝对是一种致命的打击。

根据统计，每年参观金字塔的人不计其数，一些人受不了塔内闷热而让人窒息的空气，加之攀爬的疲惫和对法老诅咒的畏惧，晕倒在所难免，甚至还会引发其自身潜在的某种疾病。另外，金字塔庄严肃穆，墓室幽暗曲折，这对意志力不强的人来说无疑是一种挑战。有一位中国的学者在参观完胡夫金字塔后这样形容：“在墓室里，我觉得自己神不附体，晕眩不已，出去后，身上冷汗淋漓。”

除了以上观点外，还有科学家提出了与陵墓构造有关的猜测。他们认为，墓道和墓穴的设计会产生一种特殊的磁场和能量波，从而致人死亡。可是，3000 多年前的古埃及会有这样的科技吗？当然，以上几种说法都有漏洞，所以时至今日人们仍没有破解法老诅咒的谜团。

死亡之书

在法老的陵墓中，几乎都能发现富有神秘色彩的《死亡之书》，这书不仅含有对盗墓者的诅咒，而且劝告人应该享受当下的生活。

《死亡之书》是古埃及的一种陪葬品，上面写下了帮助死者渡过难关、得到永生的咒语。通常来说，它放置在死者的棺木中。不过在放置之前，祭司需要当着死者的遗体读一遍。书中有一段著名的咒语，意思是：人死后需要受到冥界之神奥西里斯的审判，所以你必须谨慎地否认你所犯下的罪行，并正确说出冥界42位审判之神的名字。如此你才能被判无罪，获得永生。

此外，《死亡之书》上还写了许多其他的内容，比如对神的颂歌、对死者世界的描述，还有劳动者的歌谣、世俗的生活等等。所以，它们也成了学者们了解古代埃及生活的重要文献，从中可以看到古埃及人对世界的理解和对神的信仰。这些文字虽然简单，措辞却相当优美，可以当作古埃及诗歌。

《死亡之书》上究竟写了什么？举个例子，一份草纸上写了这样一段话：

> “诚实的抄写员阿尼念诵道——
>
> 我是一朵圣洁的莲花，我从拉的鼻孔诞生，它本属于哈舍。
>
> 我已为自己开辟了道路，我追随着荷鲁斯，我是拉的大地上长出的一朵圣洁的莲花。”

《死亡之书》主要用这种诗歌性质的语言，诉说自己对神的爱，诉说自己是神的仆人，以及对死后世界的希望。这些草纸上还有各种图画，画出亡者的形象以及死后的遭遇。一本《死亡之书》有画、有诗、有记录文字，简直是一份精美的“阴间指南”。

埃及博物馆收藏的皮努杰姆一世的《死亡之书》是其中的代表。这张草纸图画精美，文字优雅，但它并不是国王的死亡之书，而是属于一位祭司。皮努杰姆一世趁着埃及大乱之时，在底比斯以法老自居，在他的棺木里发现的《死亡之书》上，他被画成一位戴着巾冠、留着柱状胡须、额前有眼镜蛇的法老，正在向冥界之神奥西里斯陈述自己的身份，接受神的审判。

在皮努杰姆一世的画像前，奥西里斯坐在彩色宝座上，手中交握着权杖和神鞭。他的肤色是绿色的，戴着高高的帽子，留着黑色的柱状胡须，表情十分庄严，似乎正在考虑如何安排眼前的亡灵。画面上还有很多整齐又美观的象征图案。在人像旁有一列列色彩交替的象形文字，也就是皮努杰姆念诵的内容。他希望自己能够得到神的恩宠，到达传说中的“芦苇之野”。

虽然古埃及的《死亡之书》没有多少字，但时它却记录着丰富的内容。从这些内容里，我们可以了解古埃及的历史与文化，解读他们神秘而古老的文明。

第200个跌死的人

埃及金字塔古老而神秘，吸引了许多游客前往一睹其屹立在黄沙中的风采。不少胆大的人走近金字塔后，都想攀上金字塔塔顶，去感受那一览众山小的傲然感。可惜的是，没有一个人能如愿以偿，因为他们都跌下金字塔，以死亡而告终。

1989 年，在一个阳光和煦的日子里，一支英国旅游团来到埃及。其中有一个叫彼得的青年人，他身材魁梧，胆子极大，乘着众人不注意时偷偷地爬上了大金字塔。他沿着塔的斜面石隙攀爬，当爬到距离塔顶 1/3 时，朝着塔下的游人和导游喊道："嘿，你们看啊，我就要爬到塔顶了。"

彼得的举动惊坏了众人，负责带队的导游奥文急得大跳，他对金字塔上的彼得警告道："你听着，金字塔是不能爬的，快点下来！"

彼得像是没听见一般，继续朝着塔顶攀登。两个小时后，他终于爬到了塔顶。正当人们惊讶时，他忽然从塔顶摔了下来。

救护车和警车闻讯而来，鉴定彼得当场死亡。当时聚集在塔下的游人们无不惊慌，纷纷嚷嚷道："哦，实在是太恐怖了，实在是太恐怖了。"对于彼得为何会从金字塔上掉下来，众人都摸不着头脑。第一个跑到彼得身边的警车长夏迪说："我根本不知道发生了什么，他刚刚还好好的，忽然就像木头一样从塔顶滚了下来。"

经过验尸，彼得在摔下来时就已经死亡，死亡原因是在摔下的过程中头部多次撞击了金字塔。此外，他浑身粉碎性骨折，容貌已难以辨认。

当然，彼得并不是第一个从金字塔上跌下来死亡的人。根据当地警方的记录，从 1940 年以来，总共有 200 个人爬上了这座大金字塔，他们的结果都以跌死告终。

金字塔也会诅咒吗？这恐怕也算金字塔的一大奇谜了。

神奇的古埃及护身符

说到护身符，很多人的脑海中会不由自主地浮现出“道教”二字，并且眼前还有道士们画符驱邪的画面。其实，护身符的文化并非中国才有，古老的埃及也有，而且还有着说不尽的神秘传说。

在古埃及，护身符文化源远流长，古埃及人无论是生前还是死后都有佩戴护身符的习惯。他们赋予了护身符强大的力量——不仅能庇佑生者健康幸福，还能保护死者的灵魂前往冥界，获得永生。在样式上，古埃及的护身符与中国道家的护身符有很大不同，我们通常看到的道教护身符为一道黄纸，上面是晦涩难懂的符号。而古埃及的护身符种类较多，使用的材质也让人眼花缭乱，但通常都是金、银、宝石或彩釉陶。古埃及王室成员一般佩戴宝石或半宝石制成的护身符，而黄金护身符是最珍贵的，它象征的太阳神可以保护死者肉身不腐。

古埃及护身符上绘制的图案有许多，不同的图案被赋予的意义也不同，那么古埃及人制作的护身符上有哪些图案呢?

相信很多人都看过《木乃伊归来》这部电影，电影中有虫子吃人的片段，而这些虫子被埃及人称为“圣甲虫”，原型为屎壳郎，它是护身符上最常见的图案。

在古埃及神话中，神灵凯布利的原型为一只圣甲虫，代表着推动太阳的运行者，象征着复活和永生，常常出现在古埃及人的配饰、印章或护身符上。圣甲虫也是木乃伊的护身符，它们能保佑木乃伊免受邪恶的侵害，也能保佑亡者的灵魂得以安息。通常人们会将圣甲虫或带有圣甲虫图案的护身符放在木乃伊心口的位置，并且在这类护身符上刻上保佑亡者遗体与灵魂的咒语。

这类护身符一般被法老和官员使用，在不同的时代，它的大小也不同，小的只有几公分，大的达数米。制作圣甲虫护身符的材料多种多样，有玛瑙、玄武石、石灰石、绿宝石、象牙、树脂、滑石、青铜等。绝大多数圣甲虫是由滑石做成的，滑石上涂着彩釉，镶嵌着绿宝石。到了古埃及第十二王朝，人们开始使用质地坚硬的紫水晶，或用金银来制作。这类材质的圣甲虫稀罕珍贵，所以成了盗墓贼的首选目标。到了托勒密时期，埃及人受到希腊文化的影响，开始用玛瑙和石英石来制作护身符。

在古埃及的陵墓中，我们常常能看猫的木乃伊，或是以猫的外形制成的陪葬品。古埃及人为什么这么关注猫？因为在他们心中，猫是守护神，能守护宅院平安，能守护陵墓与法老的木乃伊免受打扰。所以，猫也是古埃及人在制作护身符时常常用到的图案。

据说，女神贝斯特的化身是一只猫，她是太阳神的女儿，反应敏捷，力量无穷，常常带给人们微笑、音乐、舞蹈和爱。她也可以化身为一只母狮子，这时代表着复仇和毁灭。所以，贝斯特总是在天使与魔鬼之间徘徊。在埃及，贝斯特一直深受人们的膜拜。在金字塔铭文中，贝斯特被看作“法老的母亲和养育者”，由此可见她在当时社会的地位有多高。古埃及第十七王朝时，人们对贝斯特的崇拜达到了顶峰，她常常以猫或猫头女神的形象出现在乐器、容器、瓷器和护身符上。当猫死后，它会被人制作成木乃伊，并放入特质的棺材中，被供奉的猫神木乃伊则会放置在法老的陵墓中，为法老们守护陵墓。

古埃及护身符上最常看见的图案便是荷鲁斯之眼。荷鲁斯是鹰头神，他的职责是守护法老。而荷鲁斯之眼是荷鲁斯的一只眼睛，又被称为“乌加特之眼”。它被赋予神圣的含义，代表着神灵庇佑法老。

荷鲁斯之眼作为葬礼护身符，有避邪的作用。同生命之符一样，它常常被绘在死者的棺木上。因为古埃及人相信荷鲁斯之眼能帮助他们修复身体，帮助他们复活，也能保护他们在永生的路上不受侵害，比如古埃及第十八王朝的图坦卡蒙法老，他的木乃伊棺木上就绘有荷鲁斯之眼。

荷鲁斯之眼的来历是什么？这与古埃及的神话传说有关。

相传，荷鲁斯是天神奥西里斯和女神伊西斯的孩子，奥西里斯被他的兄弟赛特杀害，荷鲁斯长大后，便找赛特报杀父之仇。在搏斗中，荷鲁斯的左眼被赛特夺走。他的眼睛很神奇，左眼代表月亮，右眼代表太阳。既然左眼被夺走了，月亮之神便要帮他。在一个月圆之夜，荷鲁斯在月亮之神的帮助下打败赛特，将左眼抢了回来。后来，他将左眼献给了被诸神复活的奥西里斯。再后来，荷鲁斯之眼成了辨别善恶、帮助死者复活、捍卫人们健康的护身符。

这里还有一种说法，即荷鲁斯在与赛特的搏斗中，不小心杀死了他的母亲伊西斯。太阳神大怒，命令众神追回逃跑了的荷鲁斯，并要惩罚他。众神之中，赛特最先找到了荷鲁斯，并挖去了他的左眼。女神哈托尔曾经抚养过荷鲁斯，她用羊乳治好了荷鲁斯的眼伤。后来，荷鲁斯找赛特报仇，不仅杀死了赛特，还夺回了自己的左眼。最后，他将左眼献给了自己的父亲奥西里斯，以保护他在黑暗的冥界不受伤害。

古埃及护身符上的图案还有许多：蛇头护身符能保护人不被蛇咬；眼睛护身符则能给人带来良好的视力；最有趣的是野兔护身符，它能帮助人们提高奔跑的速度。

盗墓者

“谁打扰了法老的安宁，死神的翅膀将会降临在他头上。”

当人们打开图坦卡蒙的陵墓后，首先映入眼帘的是一段让人毛骨悚然的铭文。即使有这样警示后人的铭文，还是有胆大的盗墓者不断地闯入他的陵墓。然而，就在盗墓者们惊讶金字塔内的奇迹时，却不知法老的诅咒正在慢慢应验。

纵观已经开启的金字塔或帝王谷中的陵墓，几乎每一座都遭到了盗墓者的洗劫。那么，这些盗墓者受到法老的惩罚了吗？

1901 年，法老王迪尔的陵墓被英国的历史学家弗林德斯·皮特里发现，他在墓室的墙缝中找到一个包裹，打开一看，里面居然是一个缠满绷带的手臂。人们猜测，这可能是早期盗墓者的尸体残骸。只是，这个盗墓者怎么会死得如此血腥？

1922 年，人们在一座陵墓中又发现了一具盗墓者的遗骸，不过他的死法很奇怪，就像被某种动物吃掉了一般。后来，人们在遗骸的旁边发现了两尊雕塑，一尊是眼镜蛇，一尊是老鹰，这两种动物都是古埃及人的保护神。所以很多人都认为，这个盗墓者是被两个保护神吃掉的，因为他打扰了法老安息。当然，有些学者秉持着科学严谨的考古态度，认为盗墓者死于某种突发性的疾病，而遗骸残破不全，应该是被陵墓中的老鼠啃食的结果。

1944年，一位盗墓者闯入了图坦卡蒙法老的墓室，他想在法老的棺材中偷窃一些黄金。但让人想不到的是，棺材盖突然掉了下来，而他也被困在棺材中。这是法老发怒了吗？盗墓者还没来得及多想，接下来又发生了更惊悚的事，墓室的屋顶突然坍塌了，盗墓者最终被砸死。后来，考古学家们挖掘陵墓时发现了这位盗墓者，他们很快就明白了他是什么时候死的，原来盗墓者破烂的衣服内装着他死亡当天的新闻报纸。

困住盗墓者的石棺我们已不得而知，但陵墓内有一座黄金王棺不得不说，那是少年法老图坦卡蒙的棺材。棺材是以纯金打造的，上面布满了金银珠宝、玉石翡翠，外形是图坦卡蒙的相貌，极富装饰性。棺盖上，法老的额头被蛇形饰物装饰，这不仅象征着王权，也预示着古埃及人对神灵的崇拜。法老的下巴上布满了代表威严的假胡子，他双手交叉放置于胸前，手里握着权杖，这象征着死者会在将来复活。

后来，人们发现几乎每位法老的墓室和棺木上都写下了恐怖的诅咒，比如图坦卡蒙的这座金棺上面写着："我是图坦卡蒙的守卫者，是我用沙漠之火驱赶那些盗墓贼。"看到这，我们不禁会想，这些盗墓者的死亡恐怕与叨扰了法老们的安息有关！值得一提的是，图坦卡蒙的陵墓内并不是只有一具盗墓者的尸体，有几具遗骨的年代可以追溯到图坦卡蒙执政时期。也就是说，这些盗墓者在少年法老刚刚被葬时就起了洗劫陵墓的歪念。只是很可惜，他们与少年法老永存于陵墓中。

比较有趣的是，古埃及历史上有一位法老王也干起了盗墓贼的勾当。这位法老王为何会盗祖辈的陵墓呢？

考古学家们在阿拜多斯遗址发现了一座距今3000多年的陵墓。据鉴定，这座陵墓属于一位几乎不为人所知的法老王——席涅布·凯。

阿拜多斯是一座古城，距离开罗以南500公里，拥有4000多年的历史，传说冥界之神奥西里斯的肉体就埋在这个地方。到了古埃及第五王朝时期，这里成了祭拜奥西里斯和女神伊西斯的圣城。根据史料记载，古埃及第一位法老王就长眠于该城的北部。此外，人们还在这里发现了塞提一世法老的纪念庙，更重要的是，庙宇的墙壁上有用象形文字雕刻的阿拜多斯王表，这无疑是人们研究古埃及第一王朝到第十九王朝的珍贵资料。

法老王席涅布·凯的陵墓内有四个墓室和一个用石灰石建造的石棺室。石棺室的墙面上绘有许多神灵，比如天空之神努特、死者守护者奈芙缇丝、蝎子女神塞勒凯，以及守护在法老金棺两侧的伊西斯女神等等。棺盖上有用象形文字雕刻的铭文："荷鲁斯之子、上下埃及之王、无所不能的瑞神之子，席涅布·凯。"

从铭文上，考古学家们确定了该法老的身份，但可惜的是，这位法老的陵墓被盗墓者洗劫得一点也不剩，不仅棺木和墙壁上的镀金被刮得一干二净，就连法老的木乃伊也被盗墓者毁得残破不全。考古学家们通过高科技复原了席涅布·凯法老的遗骸，结果显示，这位法老高约 1.75 米，死时不到 50 岁。另外，人们在陵墓中发现了几个腐烂的雪松木箱，木箱内是装着法老内脏的陶罐。让人惊讶的是，雪松箱子地下还有一层镀金，上面刻着第十三王朝叟伯克侯特普一世法老的名字。

这是怎么回事？一间石棺室内怎么会有两个法老的名字，并且两个法老所处时代还相隔甚远？当然，这样的怪事并不是考古学家们第一次发现了。

在 2013 年的夏天，考古学家们在阿拜多斯遗址南部又发现了一个陵墓，墓中有一具用红色石英石打磨出来的石棺，石棺至少有 60 吨重，石料来自开罗南部一个年代悠久的采石场。经过半年的研究，考古学家发现这具石棺的年代比这座法老陵墓还要悠久。随着研究更加深入，一个失落了 3600 多年的古王朝和一系列看似联系到一起的法老陵墓的真相逐渐浮出水面。

考古学家们鉴定出，这具红色石棺的主人就是生活在第十三王朝的叟伯克侯特普一世法老。有史料记载，在公元前 18 世纪，北方的喜克索斯人入侵埃及东部，推翻了当时的第十三王朝，并在埃及北部建立了第十五王朝，在埃及底比斯城建立了第十六、十七王朝。由此，埃及被喜克索斯人统治了百年之久。这段历史被称为古埃及第二中间期，由于留下的资料太稀少，人们对这一时期的认识也很有限。但是这次的考古发现，让人们慢慢了解到这一时期的历史。

考古学家推测，在第二中间期，阿拜多斯古城应该是一个单独的王朝，其间经历了 16 位法老。这些法老将陵墓建在了第十二王朝的森乌塞特三世和第十三王朝的叟伯克侯特普一世法老的陵墓附近。而席涅布·凯很有可能是阿拜多斯王朝的第一任法老，这是从他陵墓的年代推测出来的。

席涅布·凯的陵墓内出现叟伯克侯特普一世法老的陪葬品，无疑是前者盗取了后者的陪葬品来打造自己的陵墓。其中一个法老甚至窃取了叟伯克侯特普一世的红色石棺。那么，是什么原因让这些法老们做起了盗墓者的勾当呢？这很有可能与当时的社会经济欠发达和资源短缺有关。

至于这些法老有没有受到叟伯克侯特普一世法老的诅咒，因为年代太过久远，人们已经无从得知。

被诅咒的稀世珍宝

法老的陵墓是一座巨大的宝库，然而相伴的却是法老们恐怖的诅咒。当陵墓被开启时，诅咒也仿佛苏醒了一般，散落在那些陵墓的稀世珍宝上，在世界掀起一场场诡异的腥风血雨。

那么，有哪些稀世珍宝被法老们下了诅咒呢?

首先要说的是一顶王冠，它被称为“埃及艳后克利奥帕特拉的王冠”。在古埃及浮雕中，有许多王后们都佩戴过与它相似的王冠，但是人们并不确定克利奥帕特拉是否戴过这种王冠。这顶王冠高高耸起，是用黄金和银打造出来的，上面镶嵌着各种宝石，还装饰着古埃及人崇拜的动物神灵的形象。至于王冠被下了什么诅咒，人们并清楚，因为它实在是太神秘了，神秘到鲜有人知道它如今的下落。

其次要说的是一件珠宝，由于它的外形很像一只圣甲虫，所以人们称之为“圣甲虫形珠宝”。这件珠宝上镶嵌了许多宝石，其中最珍贵的是一块利比亚陨石，它又有“黄金陨石”之称。

据说，这件珠宝出自少年法老图坦卡蒙的陵墓，但不知什么原因，它一直在埃及民间流传。后来，一位来自南非的海员在赌桌上赢得了它，并将其带回了故乡。海员的女儿十分喜欢这件珠宝，海员便将珠宝送给了女儿。接下来发生的事既让人悲伤，又让人毛骨悚然，因为海员在一次出海中遇上了海难，他的尸体数天后才被冲上海岸，而他的女儿也没有逃过厄运，不久后便死于白血病。海员的妻子很伤心，她觉得是那件圣甲虫珠宝给他们一家带来了厄运，于是便将珠宝卖给了一名南非妇女。妇女家也没逃过厄运，因为在她得到珠宝没多久，她的女儿也因白血病去世。

后来，这名妇女打听到，自从圣甲虫珠宝离开图坦卡蒙墓后，有好几个人都因它而神秘死亡。她决定将珠宝卖出去，可就在她交易的前一天，她的丈夫突然死了。那么多人因圣甲虫珠宝而死，若是再说它没有诅咒，恐怕没有人会相信。反正妇女不敢再拥有这件宝石了，她向埃及文化部写求助信，希望埃及政府能够派人来收回这件珠宝，帮她解除法老那恐怖的诅咒。

在古埃及文化中，圣甲虫通常出现在护身符上，不论是生者还是死者，佩戴它都能够得到保护。而圣甲虫珠宝释放出“诅咒”，恐怕就是希望人们将它送回主人图坦卡蒙的身边吧。

接下来要说的是一个杯子，叫“愿望杯”，也是来自图坦卡蒙的墓室。不过，人们发现这个杯子时，它被丢弃在墓室前厅的地面上，人们猜测可能是盗墓者丢弃的。至于原因，应该是杯壁上那些古老而神秘的象形文字，盗墓者可能觉得它们是邪恶的咒语。那么，愿望杯上的文字真的是法老下的诅咒吗？确实如此，但不是不好的诅咒。杯壁上那段咒语的意思是：如果你愿意将你的脸朝向北风，数年之后，你将得到幸福。更有人说，如果你用这个杯子装水喝，那么你一生中最大的愿望将会实现。

第四个被诅咒的珍宝是一个彩绘的盒子。这个盒子是英国考古学家霍德华·卡特在图坦卡蒙的墓室内发现的，它是整个墓葬中最伟大的艺术品之一。盒子上绘制着精致的图案，那是图坦卡蒙法老征战努比亚人的场景。先前我们已经说过，卡特是第一批参与挖掘图坦卡蒙墓室的考古学家，而参与挖掘的人有许多都神秘死亡，所以人们认为这个盒子被法老下了诅咒似乎也在情理之中。

最后要说的是一颗举世罕见的黑钻石——黑色奥洛夫，也被称为“创世者之眼”，它是一颗受过诅咒的黑钻石。

据说前三任拥有这颗钻石的人都去世了。这三个人中，有两位是18世纪的俄国公主，相传她们是自杀身亡的。第三个人是美国的珠宝商人，名叫帕里斯，他卖出黑钻没多久就跳楼自杀了。这三个人的死亡使黑色奥洛夫的名气越来越大，人们为了破除那所谓的诅咒，便将钻石分割成了三块，它们分别被民间的收藏家们收藏起来。直到1990年，黑钻才重现拍卖会。有人说，之后拥有黑钻的收藏家们都躲过了诅咒，又有人说他们当中有好几个都死了。

如今，这颗黑钻石留给人们的印象仍然是恐怖和神秘。至于它的来历，人们也说不清楚，不过却有这样一个传说。相传，古印度朋迪榭里地区有一座规模宏大的梵天庙，庙里供奉着梵天，而梵天则是印度教中三大主神之首的“创世神”。有一天，庙内的一名僧人动了贪婪之心，盗走了梵天的一只眼睛。于是梵天大怒，将灾祸降临人间，也对那颗丢失的黑钻石之眼设下了诅咒。

当然，这仅是一个传说，更多的人坚信，这颗黑钻石是盗墓者从埃及法老的陵墓中盗出去的，然后在世间辗转数千年。这与其说是梵天下的诅咒，还不如说是法老下的诅咒呢！

第五章

木乃伊不腐之谜

古埃及人建造了金字塔和狮身人面像，发明了象形文字和天文历法，而其文明成果中最稀奇古怪的当属木乃伊了。什么是木乃伊？其实就是人工干尸。这些尸体或是来自于法老，或是来自于平民，或是来自于动物。

神奇的“人工干尸”

在埃及，除了标志性的建筑金字塔和狮身人面像外，木乃伊也远近闻名。只是，你对木乃伊的了解有多少呢？下面我们就来了解一下“木乃伊”这个名字从何而来，以及木乃伊又是什么。

在阿拉伯语中，“木乃伊”被翻译为“沥青”。据说，这个词是阿拉伯的旅行者带去埃及的。他们看见当地人在死者的尸体上抹上一层黑色树脂状的物质，而这种物质便是沥青，于是索性就把这些尸体称为“木乃伊”。如今，木乃伊指一种干枯不腐烂的尸体，也就是人工干尸。

世界上发现的木乃伊数量有很多，绝大多数都是用防腐香料制成的，其中要数埃及的木乃伊最为家喻户晓。只是，埃及人为什么要制作木乃伊呢？木乃伊又是怎样制成的？

在古埃及，人们相信人死后灵魂不会消失，而会附着在尸体或雕像上，或是去另外一个世界继续生活，因此崇拜永生的法老王们，命令后人在自己死后将尸体制成木乃伊。木乃伊放置在密不透风的墓中可以长久不腐，它们安静地等待灵魂再次附着于肉身。后来，埃及人又意识到，即使将尸体和灵魂合二为一，也不能使死去的人回到阳间，他们只能永生永世地生活在地下墓穴中，或是去阴间生活。法老们为了死后能继续享受奢侈的生活，便动用大量的人力、物力、财力建造墓穴，金字塔就是如此诞生的。

据考证，埃及人制作木乃伊的技术是最复杂的，时间上也是最早的。他们制作木乃伊的过程十分血腥，历史学家希罗多德给我们留下了详细的处理木乃伊的步骤。

第一步，人死后，在尸体的面部涂上融化后的松脂，以此保护面部神情的生动性和防止水分过分蒸发。

第二步，处理脑浆。工匠们将铁钩深深地插入尸体的鼻子内，一阵搅拌后，脑髓组织变得稀烂，接着用细小的长柄勺子探入鼻孔挖出脑浆脑髓，最后将一些药料和香料注入头颅，以便清洗。

第三步，处理内脏。用锋利的石刀在侧腹切一道口子，掏出胃、肠、肝脏、肺等内脏后，用棕油清洗腹腔和胸腔。至于内脏的处理，主要有两种方式：一种是用松脂团包裹着放入木乃伊腹中；一种是装在有盖子的小罐子内，连同罐子一起放入腹中。

罐子的样式与意义在古埃及的各个时期也不尽相同。小罐从埃及古王国到新王国时期变得越来越复杂。起初只是用一些简单的带着盖子的罐子，到了中王国时期，人们开始使用人头形状的罐盖。到了第十八王朝早期，一个传说悄然兴起，据说罐盖内的器官是由天神“荷拉斯”的儿子们守卫着的。值得注意的是，埃及人不会从尸体内取出心脏，因为他们把心脏当成智慧的象征，在《亡灵书》中记载着，法老们的心脏由三个侍卫看守，由此可见他们对心脏这一器官的重视。

第四步，脱水。这是制作木乃伊最重要的一步，要知道干燥性的强弱决定了尸体腐烂的快慢和强弱。工匠们将装了泡碱的布包和捣碎的香料填入尸体的腹腔胸腔，然后泡置在干燥的碱粉内 40 天，等吸干水分取出填充物后，改放装有碾碎的桂皮、泡碱、锯末等香料的布包，再照着原样缝合切口。切口上一般贴着一块画了荷斯拉眼睛的皮，因为古埃及人相信，这种皮有强大的愈合力和保护尸体不腐坏的神力。

第五步，化妆整容。在现代，人死后会使用化妆术，为死者整理仪容，而这种技术早在古埃及就已经流传。埃及人为了保护木乃伊皮肤的紧致和柔软性，会在尸体的皮肤上涂上牛奶、葡萄酒、松脂、蜂蜡和柏油等混合物，干尸上涂一层松脂防潮，眼睛则会用亚麻和石头填充，使之看上去栩栩如生。另外，一些化妆师还会在木乃伊的脸上涂一层红红的胭脂，为其戴上精致的假发套，衣服和珠宝也都选择最好的，配备齐全。

第六步，包裹。我们如今看到的木乃伊都被层层麻布包裹得密不透风，你可不要以为包裹尸体是件简单的事。在埃及，人们认为包裹尸体是险恶的，所以在包裹过程中都要伴随着祷告，而这个神圣庄严的过程长达 15 天。包裹尸体的手每动一下，人们就要祈祷一次，同时要把护身符放在麻条内，紧贴木乃伊身体。埃及人很重视木乃伊的心脏位置，无一例外会在心脏处放置用绿色石头做成的圣甲虫或者人心形状的护身符，符上写着古怪的词句，比如“保持死者的心，使它不产生危害主人的东西”等等。

包裹完成后，木乃伊便制作完毕，整个制作过程长达 70 天。之后，负责审判木乃伊的阿努比斯神灵会把木乃伊送还给他的家人，亲属将它们放置在人形的木盒中，最后埋入墓地。

上面的制作方法费用昂贵，只适用于法老、大臣和富翁们，平民百姓可没那么多讲究，制作方法也极为简单。他们将尸体腹部切开，用香料泻剂清洗一番后，再将尸体放入泡碱粉里浸 70 天，取出风干，最后葬在干燥的沙丘中。

尽管木乃伊的制造过程夹杂着神秘和迷信，但不可否认的是，它的制作技术反映了当时古埃及的医学水平。经研究发现，在制作木乃伊时，埃及人运用了不少医学知识，比如人体血液循环和心脏功能的关系、大脑对人体的作用等等。

19世纪60年代，一个名叫爱德温·史密斯的人发现的一本公元前1600年左右的抄本，现被命名为《爱德温·史密斯纸草》，可以说这是古埃及重要的医学文献，其中的内容最早可追溯到古埃及中王国时期。抄本的前半部分讲述了人体的构造，并列举出几十种病例，分为三种类型：可治、难治、不可治，而且对病例做了详细的讲解。至于抄本后半部分，目前已经失传。

如今，我们在古埃及雕塑作品中，依旧可以看到当时医生施行外科手术的图像，这些都说明古埃及的医学水平之高，而制作木乃伊也与他们的医学成就息息相关。

当然，并不是只有埃及人才会制作木乃伊，世界上有许多国家都能制作木乃伊，且他们的制作方式与古埃及人很不一样。

比如中国木乃伊，大约500年前，中国人发明了用化学药剂福尔马林来保存尸体，这种保存方法不需要取出内脏和大脑。在中国桂林的南部，人们发现了一具被福尔马林浸泡着的木乃伊，这具木乃伊保存完整，就连手指甲都清晰可见。意大利西西里岛人处理木乃伊的方式很特别，他们将死者的尸体悬挂在地下墓穴的陶瓷管上，风干8个月后，再用醋清洗尸体，然后再风干一段时间。最后，他们给尸体加入防腐药物，或是密封在玻璃橱窗中。不过，这种处理方式已经销声匿迹了。

虽然木乃伊看上去很恐怖，制作过程也很血腥，但不可否认的是，它是古老文明的象征，是古代人民智慧的结晶。

木乃伊的传说

木乃伊是来自地狱的使者，有关它们的神话传说即使历经千年，仍旧被人们津津乐道。在埃及，有这样一则动人的神话广为流传。

在很久以前，古埃及诞生了一位旷世英雄——奥西里斯。他是埃及法老，父亲是地神塞布，母亲则是天神。奥西里斯多才多德，不仅教会人们从事农业生产，还将做面包、酿酒、开矿的技术传给他的子民，让大家充满了幸福感。因此，人们很崇拜他，把他视为尼罗河神，还相信自己的生命也是他赐予的。这一切都让奥西里斯的弟弟赛特嫉妒不已，他筹划着杀死哥哥，自己做法老王。

这一天，赛特邀请很多人共进晚餐，奥西里斯也在其中。晚餐吃到一半，侍卫抬来了一个做工精致的大箱子。正当人们迷惑不解时，赛特说道："谁能躺进这个箱子，我就把它送给谁。"

在众人的怂恿之下，奥西里斯躺了进去。就在这时，意想不到的事发生了，赛特居然关闭了箱子，上了锁，连人带箱扔进了尼罗河里。

奥西里斯被害后，他的妻子伊西斯女神不停地寻找他，但找回的只是他的尸体。赛特知道后，又将尸体偷走，并残忍地将尸体切成48块，丢在不同的地方。伊西斯再次将尸块找了回来，为了防止赛特继续残害自己丈夫的尸体，便原地埋葬了。

后来，奥西里斯的遗腹子出生了，取名荷鲁斯。这个孩子从小聪慧勇敢，长大后，不仅打败赛特为父亲报了仇，还继承了其人间的王位。不过，在搏斗中，他的左眼被赛特夺走了。他的眼睛非同寻常，左眼代表着月亮，右眼代表着太阳。失去左眼的他不得不找月亮之神帮忙。终于，在一个月圆之夜，他打败了赛特，并且夺回了自己的左眼。

荷鲁斯将父亲的尸块挖出来，拼凑在一起，制成了干尸木乃伊。在神灵的帮助下，奥西里斯竟神奇地复活了。当然，他没有在人间复活，而是在阴间。荷鲁斯将自己的左眼献给了父亲，这只眼睛能帮助奥西里斯辨别善恶。在这个阴暗的世界里，奥西里斯就是主宰，专门负责审判人死后的灵魂，并保护人间的法老王们。

这个故事原来只是流传于民间，不知怎么，后来传到了埃及法老的耳中。法老觉得这个故事有利于自己的统治，便把故事传播到整个埃及，以此来欺骗人民。他们宣扬法老的职位是神圣的，是有神灵庇护的，不论生死，法老都是人间与阴间的统治者。如果有人反对法老，不仅活着的时候会受到惩罚，死后也会受到阴间主宰奥西里斯的审判。

为了让神话更加逼真，每一位埃及法老死后都被制成木乃伊，制作的过程比较讲究，主要有四个仪式。

首先要举行寻尸仪式。法老死后，尸体会被藏在某个地方，直到找到尸体后，才能进入第二个仪式，也就是洁身仪式。这个仪式可不是把尸体洗一洗就行了，而是要把尸体制成木乃伊。第三步是诵念仪式，祭司们念着古老的咒法，将木乃伊的眼耳鼻口打开，嘴里放入食物，据说这样木乃伊就能和活人一样呼吸、吃饭、说话。最后一步是埋葬仪式，把木乃伊放入制作精美的石棺内，然后再将石棺抬入墓穴之中，使其在漆黑的墓室中度过“永生”。

另外，在古埃及的众多神话传说中，不得不说一个名叫阿努比斯的神灵。

这位神灵颇具神秘色彩，与木乃伊的传说息息相关，据说是他发明了木乃伊，而奥西里斯也是他复活的。

相传，阿努比斯是游走在黑暗和黎明之间的神灵，他是奥西里斯的儿子，至于他的母亲，有人认为是伊西斯，也有人认为娜芙提斯。阿努比斯的幻化形象有很多，通常以山犬、胡狼或狼的形象出现在神话中。因为胡狼是食腐肉的动物，是尸体的清道夫，与死亡密切相关，所以在艺术作品中，其形象多为狼头人身的男性，耳朵直直竖立，手中拿着一根神仗。

阿努比斯职责众多，他是亡灵的审判者，是心灵天平的守护者。当人的灵魂来到阴间，他会将死者的心脏与羽毛放在审判之秤上，如果心脏和羽毛的重量差不多，那么这个人可以飞升天堂，享受永生；如果心脏比羽毛重，就代表着这个人有罪，他会被打入地狱，落入魔鬼的腹中。同时，阿努比斯又是葬礼山上的涂香者，据说他专门给奥西里斯的尸体涂过香料，此外他还被当作奥西里斯的信差。

古埃及文明源远流长，而众多的神话传说也为木乃伊增添了一份神秘色彩。

动物木乃伊

在古埃及，人尸制成的木乃伊并不稀奇，稀奇的是那些种类各异的动物木乃伊。值得探索的是，这些动物木乃伊是怎么被发现的？它们存在的意义又是什么呢？

1888 年，埃及挖沙人在伊斯塔布安塔尔村庄附近发现了一座规模巨大的墓穴。让人诧异的是，这座墓穴内埋葬的不是人类，而是用猫制成的木乃伊，并且数量惊人。当时，《英国插画杂志》进行了报道："这些猫制木乃伊可不是一两只，而是成百上千只，它们堆积了几十层，比大多数的煤矿岩层还厚。"

这些猫制木乃伊被亚麻布包裹着，看上去栩栩如生，有些还戴着镀金面具。绝大多数品质好的被当地的孩子们当作商品卖给旅游者，剩下的则被制成化肥。可能当时的探险队对寻找皇室墓穴、黄金财宝、法老的棺木更感兴趣，以至于忽略了动物木乃伊存在的意义，所以当时几乎没有人愿意研究它们。直到 20 世纪初期，人们才意识到它们的价值，其中数纽约布鲁克林博物馆埃及馆馆长爱德华的研究最为深入。

20 世纪 30—40 年代，纽约布鲁克林博物馆埃及馆陆续买回来一些木乃伊，这些装在盒子内的木乃伊像是被遗忘了一般，一直堆在无人问津的角落里，到了 2009 年才被馆长助理凯西发现。他好奇地打开盒子，每个盒子里都放着包裹精致的动物木乃伊，种类繁多，有朱鹭、鹰、猫、狗、蛇，甚至鼩鼱等。

惊讶之余，凯西立马将这个消息告诉了埃及馆馆长爱德华。

爱德华惊讶无比，从那以后，便与他的团队开始了漫长的探究动物木乃伊之旅。他们对动物木乃伊做了 X 射线和 CT 扫描，结果发现这些木乃伊形态不一。有些动物木乃伊是完整埋葬的，有些则保留了部分遗骸，还有些是由多个动物捆绑在一起制成的。其中最有趣的是一具猫制木乃伊，它的爪子交叉放置于胸前，就像人制木乃伊一般。另外，他们还发现，埃及人在制作动物木乃伊时使用了很多防腐原料，包括油、脂肪、沥青、蜂蜡、树脂以及其他一些名贵稀少的原料。这都说明，埃及人将动物木乃伊和人制木乃伊放在了平等位置上。

与绝大多数的动物木乃伊考古学家一样，爱德华也被种种问题困扰，比如埃及人为什么要将动物制成木乃伊。经过研究发现，主要有三个目的：

第一：陪伴死者

这要从动物木乃伊的发展史说起。大约在公元前 2950 年，埃及第一王朝的国王临死前，命后人将一些狗、狮子、驴等动物与他一同安葬。到了公元前 1400 年，法老阿蒙霍特普二世去世后，人们将他心爱的猎狗制成木乃伊，和他一起下葬。10 年后，他的继承人图特摩斯四世去世，与他同葬的是一只猫。

这个时期，不仅埃及皇室盛行用动物木乃伊陪葬，平民百姓也纷纷效仿，逐渐发展成将自己喜爱的宠物制作成木乃伊，埋在自己的墓地中。由此可见，制作动物木乃伊是为了陪伴死者。埃及人相信人死后是有灵魂的，为了让那些死去的人的灵魂不再孤单，便将动物制成木乃伊，因为对他们而言，动物也同样有灵魂。

第二：献祭食物

人死后会在另一个世界生活，自然会有饿肚子的时候，这些动物木乃伊就是献给死者的食物。人们将美味的牛排、肥嫩的鸡鸭晒干腌制，然后用麻布包好放入墓穴中供死者享用。对此，埃及古物学家萨利马·依克拉姆也持相同意见，她将这些动物木乃伊称为“食物木乃伊”，并说道：“不用理会你在现实生活中是否得到了这些‘食物’，但在你死后，你却真真正正生生世世都拥有了。”

第三：神灵崇拜

在古埃及，一些神灵的化身有着动物的特征，比如守护神荷拉斯，他就是一位鹰头人身的神灵；月亮之神透特长着朱鹭的脑袋、人形的身体；生育女神哈托尔则能幻化成牡牛。不同的神灵对应着不同的动物图腾，人们在祭祀时，会使用对应的动物木乃伊供奉。比如月神透特，人们用朱鹭制成的木乃伊供奉他，这也导致当时数以百万计的朱鹭被屠杀；一些猛禽制成的木乃伊则用来供奉荷拉斯；而猫制木乃伊则被供奉给古埃及的保护神巴斯特女神。埃及人坚信，将那些动物木乃伊埋入墓穴供奉神灵，死者能够得到神灵的庇佑。

对于埃及人崇拜动物神灵的多样性的原因，爱德华也做了深入研究。

公元前1075年后，埃及进入第三中间期，这个时期漫长而混乱，足足有400多年之久，不仅中央政权崩溃，就连地方王朝和外国君王的势力都此消彼长，平民百姓更是处在水深火热之中。因为没有权威去领导民众供奉某位神灵，所以人们都自行寻找信仰，这就造成了埃及人崇拜动物神灵的多样性。就像爱德华说的：“没有法老的干预，人们需要自己去接近神灵。”

现在，埃及人依旧热衷于崇拜动物神灵，且不同的神灵有着不同的朝拜中心。公牛崇拜在阿尔曼特和赫利奥波利斯，鱼崇拜在伊斯纳，公羊崇拜在埃及的尼罗河象岛，鳄鱼崇拜则在考姆翁布。

可以说，动物木乃伊是古埃及文明发展史上浓重的一笔，现今世界各地的博物馆中，动物木乃伊琳琅满目，它们像是有魔力一般，吸引着人们去一饱眼福。

法老们的木乃伊

说到木乃伊，我们在感到毛骨悚然的同时，又会涌出一股强烈的好奇心。它们在漆黑的墓室沉睡千年而不腐，身上充斥着诡异神秘的味道……那无形的吸引力好似一双手拉着你沉醉在木乃伊的国度中。下面我们就来说说埃及法老们的木乃伊。

拉美西斯大帝木乃伊

距今为止，人们已经发现了许多珍贵的木乃伊，但其中最著名的要数法老拉美西斯的木乃伊，他的木乃伊的发现就像哥伦布发现新大陆一般，一下子引起了全世界科学家和考古学家们的关注。

在古埃及，名叫“拉美西斯”的法老有很多，为了区分，就有了拉美西斯一世、拉美西斯二世、拉美西斯三世等等称呼，我们要说的拉美西斯大帝木乃伊就是拉美西斯二世的。

拉美西斯二世全名叫乌瑟玛瑞·塞特潘利·拉美斯·米亚蒙，是埃及伟大的领袖，不仅雄韬伟略，还英勇善战。他一生中有100多个子女，其中80多个是儿子。在他统治的67年里，埃及空前繁华，以至于现在人们依旧可以在埃及的纪念馆中看到歌颂他的纪念物，如卢克索的拉美西斯神庙和阿布·辛拜勒神庙前的巨型雕像。那么，这位丰功伟绩的埃及大帝的木乃伊是如何被发现的，现在又如何了呢？

在18世纪晚期，一大批美轮美奂的古埃及艺术品出现在古玩市场上，这引起了一位文物保护调查员的注意。他经过调查发现，这些文物出自一个盗墓家族之手。随后，盗墓家族中的两兄弟被逮捕，拷问之下说出了文物的来源。

调查员和长岛大学波斯顿分校埃及古物学家鲍伯·伯瑞尔根据线索，找到了被盗的墓室。他们发现，墓室中有几十口棺木，而且这些棺木内安葬的都是埃及王室成员，拉西美斯大帝的木乃伊就在其中。拉美西斯大帝的尸体被精心修饰，佩戴的饰品和穿着的服饰皆异常精致，奢侈程度超乎任何人的想象。鲍伯·伯瑞尔说："能进入墓室的考古学家少得可怜，我是幸运的一个。对我而言，这段历程神奇而有意义，因为这个墓室不仅是记录埃及历史的发生地，它的发现也是人们探索埃及历史上最激动人心的一刻。这里埋葬的木乃伊来自不同王朝，人们第一次目睹了拉美西斯大帝的容貌。"

当时，拉美西斯大帝木乃伊的皮肤、牙齿、头发都还在。到了1976年，因为细菌感染，木乃伊开始腐化，之后被送到巴黎进行修复。在那里，人们通过X光检测发现了一件有趣的事，木乃伊的鼻子里居然塞满了胡椒。有学者推测，这可能是为了保存他俊美的鹰钩鼻。此外，人们还发现拉美西斯生前患有多种疾病，比如腰骨关节炎、心脏病、口鄂脓肿等。这结果令人诧异，他在身体如此差的情况下居然能统治埃及到90多岁的高龄，不得不说是个奇迹。

拉美西斯大帝的木乃伊保存完好，可惜的是，埃及人没有记录下他们是怎么处理这具木乃伊的。为了弄清楚这个谜团，鲍伯·伯瑞尔进行了一场大胆的实验。他挑选了一具现代人的尸体，利用古埃及人的方法将其制成木乃伊。

鲍伯·伯瑞尔用一个衣钩状的工具从尸体的鼻子探入颅骨内，一阵用力的搅拌后，大脑变成了液体，并从鼻子内流出。接着用刀具在尸体的腹部切开一个口子，取出除心脏以外的内脏。在古埃及，木乃伊都是留有心脏的，因为他们坚信心脏是灵魂的载体。至于如何防腐，当时埃及的工匠们会在尸体上覆盖一层名叫“纳纯”的盐，这种物质能让尸体快速脱水，脱水后的尸体才好保存，才不会被细菌腐烂。伯瑞尔利用相同的方法，将尸体浸泡在纳纯中 35 天，等取出来后，他所制作的木乃伊与古埃及人制作的木乃伊一模一样。伯瑞尔说:“这次制作木乃伊的过程让我受益匪浅，我不仅学会了古埃及人用纳纯为尸体脱水的防腐工艺，还了解到他们制作木乃伊的过程。”

拉美西斯大帝木乃伊的发现对科学家们而言至关重要，他们从中研究出古埃及人的身体健康状况，以及王室成员的衣食住行。并且，这位埃及史上最伟大的法老的木乃伊在世界十大木乃伊中排在了榜首，足见它存在的意义。

图坦卡蒙木乃伊

在埃及历史上，图坦卡蒙并不是功绩最卓越的法老王，但他却是最闻名中外的。他英年早逝，死时只有 19 岁，短短一生却留给了人们太多的谜团，比如有关他的死因、有关他的诅咒等等。如今，人们已经找到了这位少年法老的木乃伊，他的真面目究竟如何呢?

1922 年，英国考古学家霍华德·卡特在埃及帝王谷发现了图坦卡蒙的墓室，让人惊奇的是，这个沉睡了 3000 多年的墓室从来没被盗掘过。

当时，图坦卡蒙的木乃伊被放置在一个镀金的石棺中，脸上戴着黄金面具，石棺内放着琳琅满目、精美至极的陪葬品。当人们卸下木乃伊的面具时，这位沉睡了千年之久的少年法老王终于露出了真面目。木乃伊包裹严实，脸上的皮肤已经裂开，黑乎乎的，好似一张萎缩了的皮革，而脸上最大的焦点则是满嘴的龅牙，这是埃及图坦卡蒙家族的典型特征，它的双手双脚保存完整，清晰可见。这次考古发现无疑是举世震惊的，人们不仅展出了墓室的陪葬品，就连图坦卡蒙木乃伊也供人们观赏。

近年来，随着科技不断发展，科学家们通过高科技“虚拟解剖”技术还原了图坦卡蒙的真容和身形。人们发现，他的面部与1922年出土的黄金面罩颇为相似，鼻子挺拔，两颊消瘦，眼部涂着浓厚的眼线，牙齿也无法咬合。身形稍显瘦弱，高约165厘米，双足畸形，臀部异常丰满。在他死前前几天，左腿还受了重伤。

哈特谢普苏特女法老木乃伊

3000多年前，古埃及第十八王朝诞生了一位传奇女性，她就是权势滔天的女法老哈特谢普苏特，也是历史上记载最早的伟大女性之一，即使与上埃及艳后克利奥帕特拉七世相比，她也不逊色半分。

哈特谢普苏特死时约50岁，执政于公元前1503—前1482年，这时期埃及空前兴盛。比较有趣的是，她在执政期间是以男性法老的装扮示人，一身精致的男装，脸上戴着假胡须，裹着束胸衣，手里执着金光闪闪的权杖。有历史学家认为，她的法老王位是通过宫廷政变从其养子也就是后来的图特摩斯三世手中得来的。她死后，有关她形象的陵庙和历史记录均遭到刻意破坏，人们猜测是图特摩斯三世所为，目的是报复她篡位之仇。当然，这仅仅是推测，没有任何证据可言。

让人振奋的是，这位女法老的木乃伊如今正躺在博物馆中供人们一睹风采。那么，她的木乃伊是如何被发现的？人们又是如何确认其身份的呢？这要从20世纪初开始说起。

1903年，英国考古学家霍华德·卡特在埃及帝王谷的一个墓穴中发现了两具木乃伊。这两具木乃伊均为老年女性，且身份不明，一具躺在地上，一具安置在石棺中。另外，他又在当地发现了女法老哈特谢普苏特的陵墓，可惜的是里面没有她的木乃伊。于是，一些考古学家们对霍华德·卡特发现的两具木乃伊的牙齿和身体某些部位做了研究，并推测出它们分别属于哈特谢普苏特女法老和她的奶妈。

对此结论，多数考古学家持怀疑态度，并认为两具木乃伊均与哈特谢普苏特女法老无关。此后，这两具木乃伊一具被开罗博物馆收藏，一具被放置在卢克索帝王谷 KV60 号的墓穴内。

到了 2002 年，在美国探索传播公司的赞助下，埃及文物最高管理委员会联合国际上多位知名的考古学家踏上了重新寻找、确认哈特谢普苏特木乃伊的旅程。他们对多具出土的木乃伊进行了全面的探测和鉴定，结果显示都不是，最后他们又将目光落在了霍华德·卡特发现的两具木乃伊上。起初，考古学家发掘了一个标有哈特谢普苏特名字的盒子，里面有一颗牙齿和部分内脏。专家们又对那两具木乃伊的牙齿进行 DNA 鉴定和身体部位的全面扫描，结果显示，那具被放置在卢克索帝王谷 KV60 号墓穴内的木乃伊缺失的牙齿与发现的那颗牙齿基本吻合，从而确定这就是女法老哈特谢普苏特的木乃伊。

如今，人们在博物馆中可以清楚地看到哈特谢普苏特女法老木乃伊的模样，只见其头颅光溜溜的，脖子上缠着缭乱的麻布，眼窝里填满了黑色树脂，鼻孔内塞着布卷，因为牙齿不正，嘴巴上唇覆盖着下唇，皮肤也皱巴巴的。虽然她现在的模样让人倒尽胃口，但不可否认的是，这位女法老的木乃伊是埃及历史上最重要的发现之一。

埃及最古老的木乃伊

近年来，考古学家们在埃及发现了一座神秘的古墓，墓中有一具距今4500多年的木乃伊。可以说，这是埃及最古老的木乃伊。

这座古墓的挖掘工作始于1998年11月，参与挖掘的有当时的美国福克斯电视台知名记者波维奇以及权威的埃及考古学家哈瓦斯博士。当古墓的墓道挖掘了30米深时，墓道两旁的墙壁上出现了许多古老壁画和古埃及文字。

这些壁画雕刻得美轮美奂，布局清晰明快，内容也很丰富。比如南、西、北三面墙上的壁画表现了古埃及的劳作与生活：有在田间耕作的农夫，有双肩挑着谷物的丰收者，有拉弓射箭的猎人，还有在河面上比赛划船的场面。有些壁画表达出来的意思让人费解，比如有像是屠夫的人，有跳着舞的人，有拿着一捆布的人。这些人在干嘛？他们的行为举止十分怪异。最引人注目的是北面墙面上的一幅人物画——画面上一男一女面向东方，男的在前，神态威严，身材壮硕；女的在后，神情安详，体态丰腴。这些壁画历尽千年，但却保存得如此完整，实在让人难以置信。

哈瓦斯博士说："这些壁画虽然让人兴奋，但是更让人兴奋的还在后面呢！因为我们勘察过，这座墓地在过去4500多年间没有一个人踏入过。"言外之意就是，墓室内一定有更让人惊讶的发现。

在以往，挖掘和考古的工作通常是由考古学家们找劳工来完成的，但这次，考古学家们亲自动手挖掘，毫无疑问，是墓室的完整性给了他们动力。可能是墓地的文物被沙土掩盖了太久，所以一些文物出土后被立马保护了起来。而在这些文物中，一块刻有埃及文字的石碑引起了哈瓦斯博士的注意。哈瓦斯通过碑文了解到，上面记载了一个名叫“凯”的大祭司的事迹，这些线索也足以断定这座古墓是凯的家族墓地。

随着挖掘工作的深入，考古学家们又有了惊人发现：他们找到了一具双手交叉放置胸前的女性尸骨。从尸骨保存的完整性和佩戴的饰物，哈瓦斯博士断定，她是大祭司凯的妻子之一。当然，关于这具尸骨的准确年代、身份、死因等等都需要进一步研究。但哈瓦斯判断，尸骨距今有 4500 多年的历史。

之后，考古学家们又挖了约 10 米深，大祭司凯的墓室终于重见天日。哈瓦斯博士和记者波维奇来到墓室，里面空空如也，只有一口木制的棺材，以及两个类似啤酒瓶的陶罐子。哈瓦斯研究了棺木上的古埃及文字和一些奇怪的符号后，欣喜若狂地说：“没错，这就是凯的墓室！”也许是沙漠地区气候干燥，所以棺木保存得十分完整，没有一点腐烂的痕迹。这也意味着，如果棺内有木乃伊，那么木乃伊也会保存完好。

终于到了激动人心的时刻，哈瓦斯揭开了棺盖。他看了一眼棺内后，激动地大跳大叫：“是木乃伊，真的是木乃伊！而且还是一具保存完整的木乃伊！天呐，它实在太让人震惊了！连裹着身体的布条都保存得如此完整！”之后，哈瓦斯用小刷子亲自清理起木乃伊身上的尘土，他告诉波维奇：“你知道吗？这可能是人类迄今为止发现的最古老的木乃伊！它足足有 4500 年以上的历史！”

挣扎尖叫的木乃伊

埃及开罗博物馆中收藏有无数具木乃伊，这些木乃伊的身份各不相同，有的是法老，有的是王后，有的是王子或公主。其中有一具木乃伊格外吸引人，当然，它吸引人的地方可不是身份和保存的完整度，而是它那让人毛骨悚然的姿势。

这具木乃伊面部扭曲，嘴大大地张开，似乎是在惊声尖叫，而且手脚呈被捆绑的姿势。这具木乃伊是谁？他是怎么死的？死前又遭受了什么？不然怎么会表现出如此痛苦而惊悚的神情？

在探索这些问题之前，我们先来说说这具挣扎尖叫的木乃伊是如何被发现的。

1886年6月下旬，天气异常酷热。一天，埃及古文物保护机构的负责人盖斯顿·麦斯帕罗正在进行一项工作，那就是打开约40具木乃伊身上的包裹物。

这些木乃伊的身份很高贵，不是法老就是王后，而它们是在开罗以南的德尔·艾尔·巴赫里山谷中发现的，当时被藏在一处让人意想不到的墓穴中。这么多木乃伊中，有一具木乃伊的埋葬方式特别简陋，它被埋葬在一具普通的且没有任何装饰的棺木中。

这具木乃伊的真实身份是什么？由于墓葬太过简单，以至于人们毫无头绪。当棺木被打开时，麦斯帕罗立马被惊呆了。首先映入眼帘的是一个包裹在外的羊皮，在古埃及人心中，羊皮可不是什么圣洁的东西，而羊皮内包裹的是一具男性遗体，他的面部永远定格着因痛苦而尖叫的表情，遗骨上也留下了被束缚的痕迹。

先忽略那让人毛骨悚然的感觉，摆在眼前的问题是：这么一具保存完好的木乃伊，为什么会在去世时露出正在饱受苦难的神情？与这具木乃伊一同埋在此处的其他木乃伊都是身份显赫之人，为什么唯独他简陋下葬，且没有留下一点关于身份的信息？要知道，古埃及人坚信死后会重生的说法，前提是木乃伊必须有明确的身份，可是这具木乃伊却没有留下身份信息，这不难让人猜测，埋葬他的人似乎要让他遭受天谴，永生永世不得翻身。

1886 年，内科医生们对木乃伊的尸体进行了解剖，麦斯帕罗也在现场观看。这些医生中有一个名叫丹尼尔·福切特的人，他发现木乃伊的胃容量有萎缩的迹象，但是具体的死因他们并不能确定。

经过漫长的研究，考古学家们依旧没能解开这具木乃伊的身份之谜，所以只能暂时称呼他为“男性 E”。不过目前有这样几种关于他身份的说法：

有人认为男性 E 是拉美西斯三世的长子潘提威尔王子。对于这一观点，很多学者表示支持，其中包括宾夕法尼亚州立大学的古埃及学专家苏珊·拉德福德博士，她指出，在埃及史料中，潘提威尔的母亲蒂娅曾企图废黜拉美西斯三世的法老位，然后扶持她的儿子上台。尽管潘提威尔并不是指定的王位继承人，但让人意外的是，居然有许多大臣支持他，因为他们认为潘提威尔具有治理好国家的能力。不过，这场政变以失败而告终，参与政变的人都被处以死刑。潘提威尔因为身份尊贵没有被行刑，而是被允许自杀，而他最有可能的自杀方式就是服毒。

但这种说法遭到了数名医生的反驳，因为他们曾对男性 E 的遗体进行了解剖，结果显示，木乃伊下葬时身体的内脏是完整的，这对一个叛国者来说十分特别，要知道古埃及人处理叛国者的尸体时是绝对不会留下内脏的，哪怕这个叛国者是一位王子。

也有一些学者认为，男性 E 是古埃及敌对国希泰国的王子。他们的证据来自于图坦卡蒙法老的遗孀安卡西那蒙所写的一封信。信中内容是：当时法老突然去世，他没有后代继承王位。于是安卡西那蒙向希泰国王求助，希泰国王派了一个与安卡西那蒙年纪相仿的年轻王子前去埃及，国王希望两人能结婚，婚后由自己的儿子继承埃及法老王位。专家们从信中内容推断，希泰王子来到埃及与自己的新娘见面，但被卷入一场政治斗争，且在这场斗争中失去了生命。

这个观点依旧遭到许多人的质疑，反对的人给出了三个反驳的证据：第一，他们用先进的三维技术对男性 E 的木乃伊进行了扫描，结果发现，这具木乃伊的处理方式与埃及贵族们木乃伊的处理方式一模一样，所以他肯定是埃及人。第二，通过鉴定木乃伊的关节和牙齿，他们推断出，男性 E 死时已经有 40 岁，这与潘提威尔的年龄很相似，怎么可能是信中年轻的希泰王子呢？第三，这是最具有说服力的疑点，专家们对男性 E 的头骨进行了面部复原，结果显示：男性 E 长有一张英俊的脸庞，他鼻子坚挺，下巴刚毅，前额宽大，脸型长平，这些面部特征都与埃及人符合，所以他很有可能就是位埃及人。

目前，这具挣扎尖叫的木乃伊静静地躺在埃及开罗博物馆中，仿佛在等待那个能够揭开它身上谜团的人。当然，随着岁月的流逝，男性 E 木乃伊身上的一些秘密注定会成为千古谜团。

木乃伊真的会复活吗

美国好莱坞拍摄了许多知名电影，其中有一部叫《木乃伊》，该片讲述了埃及木乃伊复活后发生的一系列事情。那么在现实中，木乃伊会复活吗？不然法老们怎么会如此大费周章地建造金字塔和处理自己的遗体呢？

在埃及，距离赫勒万城 8 公里的地方有一处规模庞大的墓葬群，里面有 5000 多座大小不一的坟墓。据鉴定，这些坟墓都是在古埃及第一王朝至第二王朝间建造的。以此推算，埃及人制作木乃伊的技术有 6000 多年的历史。

1953 年，著名的埃及学教授埃默里在孟斐斯萨卡拉古遗迹发现了一座大墓，墓主人是第一王朝的一位法老。墓中除了主墓外，还有 70 多座埋葬奴隶木乃伊的坟墓。其实这位法老的意图很明显，他是想死后能被奴隶们继续服侍。

从这可以看出，埃及人心中有一个坚定的信念，即相信人死后会复活。所以，绝大多数陵墓中除了金银财宝等作为陪葬品外，还有大量的食物、香料、衣物等等，这些显然是为死后复活做准备的。此外，考古学家们还发现了一个奇怪的现象，那就是许多陵墓封闭后有被多次打开的痕迹。那么，是什么人打开了这些陵墓？经过考察，发现有两种情况：一种是盗墓贼光顾了陵墓；一种是法老或墓主人的后人打开的。这些后人会定期查看墓中食物的状况，并时不时地为祖先们添加新的食物或用品。这说明埃及人认为人死后复活是件漫长而遥远的事。

1954年，考古学家在萨卡拉又发现了一座古墓，墓中摆放了琳琅满目的珠宝和黄金，由此可见，这座陵墓没有被盗过。另外，墓室内摆放了一座石棺，奇妙的是，石棺的棺盖可以滑动，这种设计可谓十分先进。当考古人员打开棺盖后，却发现里面空空如也。这是怎么回事？石棺内的木乃伊呢？难道是木乃伊自己推开棺盖离开了？不然古埃及人怎么将棺盖设计成滑动的呢？

在蒙古国，考古学家发现了一座被冰雪覆盖的陵墓。有一间墓室内摆放了一座狮身人面像，石像的头上长有犄角，背后有一对翅膀，并摆出了飞天的姿势。主墓室内有一男一女两具木乃伊，因为尸体做过防腐处理，所以保存得十分完整。此外，墓中也有大量的食物、衣服、珠宝、乐器等陪葬品。这座陵墓与古埃及人陵墓内的情形十分相似，墓主人是不是在向人们宣示：他们在等待复活？

古埃及人为什么在处理遗体上如此大费周章？因为他们相信肉体可以重生。那么，几千年前的古人是从哪儿获得死后可以重生的意识的呢？这个问题可以从古老的壁画和传说中得到答案。考古学家们在一处法老的陵墓内发现了一块壁画，壁画表达的意思是：神会重回地球，并会复活那些保存完好的木乃伊。一些文献中记载，法老曾对人说过："我要为自己造一个墓地，我要让身体千年不坏，因为神答应会回来唤醒我。"

古人们这种死后重生的想法是否荒谬可笑？其实一点也不。1964年，物理学家罗伯特·爱丁格出版了一本名叫《永生的展望》的书，书中提出了一种设想：在未来，如果我们得了不治之症，可以先将自己冰冻起来，从医学和生物学的观点来看，我们并不会死亡，只不过细胞新陈代谢的速度是原先的亿万分之一，等到未来医术足够发达时，我们将解冻重生。这里有几个例子，全都证明了罗伯特·爱丁格的设想不是妄想。1963年，俄克拉荷马大学的生物学家在死了几千年的埃及公主梅娜的皮肤上提取到了具有活力的细胞。1965 年，科学家做了这样一个实验：他们将两条狗低温冷冻了一个星期，直到第七天才给它们解冻，接下来奇迹发生了，两条狗不仅没有死，而且还活蹦乱跳。

目前，冰冻重生只是个幻想，但它绝对会有实现的一天，就像当下的 21 世纪，几乎每个大诊所中都有一个液氮库，而存放在液氮中的细胞能永远保持活力，人类有一天也会因医学的进步而冰冻重生。至于木乃伊，说不定它们也会复活，只是时间的问题。

木乃伊的“复活”之旅

上一章，我们探索了木乃伊是否会复活的问题，这一章将要告诉你，木乃伊真的“复活”了。这里的“复活”可不是让缠着绷带的木乃伊活蹦乱跳，而是恢复了它们的容貌。

这具被“复活”的木乃伊为男性，来自都灵古埃及博物馆，而让他“复活”的人是费德里科·切萨拉尼教授以及他所带领的科研小组。教授对当地的媒体宣布：这具木乃伊是埃及人，生活在公元前945年左右，他们通过最新的成像技术复原了他的头部图像。这具男性木乃伊约45岁，牙齿已经松动，但身体还算健康。

这件事虽然听上去很离奇，但却千真万确。

那么，费德里科·切萨拉尼教授是怎么“复活”木乃伊的呢？完成这个项目需要通过三个步骤。

首先，采用多探头射线电脑扫描技术，简称“MDCT”。其利用多个探头对物体进行全方位的射线扫描，然后记录下扫描出来的轨迹，最后再借助电脑绘制成一幅完整的三维图像。

费德里科·切萨拉尼教授接受采访时说：“这种技术与考古学和医学运用的CT扫描技术很相似，不过比它们高级许多。我们曾经利用这种技术扫描了一具生活在1.47亿年前的鸟类头骨化石，得到的成像效果很理想，这次也是首次将这种技术运用到木乃伊上。”

在扫描过程中，研究小组的成员们将木乃伊放置在特定的扫描仪中，不到半分钟就扫描出了300多组三维图像。然后将图像输入电脑，通过软件去除木乃伊脸上的绷带，这样就能得到一张清晰的拥有头骨轮廓和脸上肌肉组织的图片。

其次，利用一款快速复原软件，将得到的图片转换成塑料复制品。接着计算木乃伊面部软组织的比例，使用黏土和模型材料填充脸上的肌肉组织。

最后将数据汇总，通过软件计算出木乃伊面部的脂肪数量、面部器官和皮肤等，这样就能“复活”木乃伊了。

虽然描述得很简单，但实际操作却很难。比如头部轮廓这一环节，费德里科·切萨拉尼教授和他的科研小组需要采集和分析相当多的数据。至于复原过程中使用的软件，准确度和技术含量极高，不仅可以复原木乃伊的五官，还可以计算出木乃伊脸上是否有伤口、皮肤是否粗糙等问题。需要强调的是，这种“复活”技术最大的优点就是不破坏木乃伊的整体性，不需要将绷带拆下来。要知道，以往考古学家们拆下木乃伊的绷带后，很难再将其恢复如初。

现今，在许多网站上都能看到被“复活”的木乃伊照片，只可惜照片中的男子没有表情和头发。或许在不久的将来，我们可以看到一个长有头发并面带微笑的木乃伊。

身藏魔咒的奥兹冰人

木乃伊并不是埃及的专属物，因为人们在许多国家都发现了木乃伊的存在。不过，这些木乃伊都是自然形成的，并没有经过防腐处理。现今，世界上最古老、保存最完整的木乃伊并不在埃及，而是在意大利博尔扎诺的一个考古博物馆中。

这具木乃伊名叫“奥兹”，是在奥地利和意大利边境发现的。据鉴定，他死时约 45 岁，身高约 160 厘米，脚约 38 码。据说，这具木乃伊暗藏魔力，从其被发现开始，接触过的人似乎受到了诅咒一般，一个个以神秘的方式死亡。

那么，这具木乃伊是怎么被发现的？他的身上真的藏有魔咒吗？

1991 年，来自德国南部纽伦堡城的赫尔穆特·西蒙和他的妻子伊利克外出旅行，他们来到意大利北部的阿尔卑斯山，让他们意想不到的是，他们居然在靠近豪斯拉布约奇山口的一条冰川内发现了一具木乃伊。当时，这具木乃伊下半身被冰层包裹，上半身暴露在冰层外，身上穿着古代武士服，背上有一把弓箭，而皮袍和鞋子都保存完整。经研究，这具皮肤呈灰褐色、身体干瘪的木乃伊距今有 5000 多年的历史，比埃及最古老的木乃伊还要早。这无疑是具很有价值的木乃伊，人们可以通过它研究欧洲青铜器时代末期的社会发展状况。

不过，当前最大的疑问是，奥兹是怎么死的？

起先，科学家们认为他是被自然冻死的，但通过各种研究后发现，他的左锁骨下方动脉壁破裂，这是被箭射中的后果，而且他的身上有4处其他人的血液，这表明他在受伤时与许多人搏斗过。所以，奥兹很有可能死于暗杀，或者是狩猎意外。

从奥兹被发现后，一系列古怪的事接二连三地发生，人们仿佛被他笼罩在死亡阴影中。首先出事的是发现奥兹的赫尔穆特·西蒙。西蒙常常对别人说，奥兹是他的第三个儿子，是神灵指引自己发现了他。西蒙对研究奥兹表现出了浓厚的兴趣，他独自一人，没有带任何旅行用品来到奥兹的发现地。奇怪的是，他再也没有回去过。三个星期后，他的家人去寻找他，却发现他跌落在山谷中，死亡多时。

奥兹是西蒙发现的，西蒙却因奥兹而死，而且还与奥兹死在同一个地方。这种种巧合让人们一片哗然，纷纷觉得是西蒙打扰了奥兹，奥兹才向西蒙施展了死亡魔咒。当然，西蒙的死并没有打破魔咒，反而让魔咒愈演愈烈。

第二个死亡的是法医雷纳尔·汉恩博士，他不仅参与了发掘奥兹的活动，还亲手将奥兹的干尸放在了尸体袋中。仅仅过了一年，汉恩就死于车祸。接下来死亡的是柯尔特·弗里兹，他组织了许多人来参观奥兹的发掘过程，从中获得了不少利益。1993年，一场雪崩要了他的命。有意思的是，弗里兹当时带着一个人数众多的旅游团，别人都毫发无伤，只有他一个人被雪压死。等人们找到他的尸体时，却发现他与奥兹死时的姿势一模一样。

此后，年仅47岁的摄影师雷纳尔·霍尔兹和45岁的迪特尔·沃纳尔科相继死亡。前者用摄影机拍摄了奥兹的整个发掘过程，并将这些珍贵的影像资料提供给奥地利国家电视台，或许正是因此惹恼了奥兹，他才在不久后死于脑瘤。后者曾参与寻找西蒙的营救工作，然而就在西蒙下葬的一个小时后，他突发心脏病死亡。再后来，还有一个名叫斯宾德勒的教授也去世了。

这么多离奇古怪的事让奥兹魔咒越传越玄，那么这些人的死真的是奥兹在作怪吗?

奥兹的木乃伊被放置在意大利博尔扎诺的南部提洛林考古博物馆中，他沉睡的棺材是用防弹玻璃制成的。在这里，人们并不相信奥兹会施展魔咒。当地居民卡赛琳娜·赫瑟尔说:“在奥兹被发现后的14年里，确实有6个与之相关的人死亡，可是这又能说明什么呢?我曾经统计过，至少有150个人接触过这具木乃伊，除了那6个人死亡外，其他都健健康康地活着。所以，如果奥兹真的会魔咒，那么那些活着的人该怎么解释呢?”

人们分析那6个人的死因，确认他们不是死于意外，就是死于疾病，这在现实中是很正常的死亡方式。如果真要说不正常，恐怕只有西蒙。据当时参与搜救的人员说，当地很少出现恶劣天气，而每年因恶劣天气死亡的人只有一两个。不幸的是，西蒙居然遇上了十分罕见的大雪天气，并因此迷路而死亡。专家们认为，对登山者来说，恶劣的天气绝对是最大的忌讳，而将西蒙的死归咎在奥兹身上，似乎有些强人所难。

不过，正是奥兹魔咒事件的影响，才让越来越多的好奇者不远千里来参观他，也为当地带来了不小的经济效益。

震惊世界的木乃伊

不知从什么时候起，世界上越来越多的木乃伊重见天日。人们根据这些木乃伊的稀珍性，为它们排出了一个“世界十大木乃伊”的榜单。那么，哪些木乃伊入选了呢？

除了我们之前所说的拉西美斯大帝木乃伊和奥兹冰人外，还有北欧沼泽木乃伊、新克罗木乃伊、富兰克林木乃伊、列宁木乃伊、格陵兰木乃伊、印加儿童木乃伊、圣比兹木乃伊以及中国的新疆木乃伊。

这些木乃伊是凭着什么资格入选的呢？它们又有哪些奇特之处呢？

北欧沼泽木乃伊

传说，沼泽地内充满了不祥。可是在公元前，北欧的日耳曼部落却把沼泽当作神灵的居住地。他们认为，只有向沼泽献上珍贵的祭品，沼泽神灵才会保佑他们。这些祭品有铜器，有银币、金币，甚至还有人献祭出生命。

19 世纪末，有两个农夫在伊蒂村庄的农田里耕作，忽然他们挖出了一具尸体，这具尸体满头红发，浑身皮肤皱皱巴巴的。这是魔鬼吗？两个农夫惊悚不已，吓得连忙逃跑，就连农具都忘记带走了。

后来，这具木乃伊引起了考古学家们的注意。因为这具木乃伊是在伊蒂发现的，所以人们称它为“伊蒂女郎”。经过研究后认定，伊蒂女郎死了 2000

多年，死时只有 16 岁。她的脖子上挂了一根绳索，似乎是在告诉人们她是怎么失去年轻的生命的。

伊蒂女郎死了数千年，为何她的尸体没有腐烂呢？研究发现，她的埋葬地曾经是一片沼泽，而沼泽中有一种名叫“泥炭藓”的苔藓，它不仅能把人体皮肤皮革化，还能防止尸体腐烂。

其实，从 20 世纪起，人们在北欧的沼泽地中就发现了 2000 多具生活在铁器时代的木乃伊。这些木乃伊有一个相同点，那就是死亡方式异常悲惨。

托兰德人木乃伊是在丹麦一处沼泽地发现的，他死时身上只戴着一顶牧羊帽。从他脖子上的痕迹看，他是被绞死的。那么，他为何会被绞死？

目前人们所得知的是，托兰德人木乃伊生前应该是吉特兰村的居民，这个小村落居住着数户人家。那个时期，人住在房屋的西边，而东边则是厨房或猪圈。可惜由于村庄太小，人数太少，以至于没有留下记录说明托兰德木乃伊为何被吊死。后来，人们在罗马历史学家塔奇图斯的《日耳曼民族》一书中发现这样一段记载：日耳曼人容不得社会上有伤风败俗或逃兵的存在，对于这些败类，他们会把他们沉入沼泽、深渊中。

对此，很多学者心存疑惑。要知道，北欧人将沼泽视为神灵的居住地，他们怎么会把如此不堪的人献给神灵呢？因此，托兰德木乃伊的死因依旧是个谜。比较有意思的是，人们曾解剖过托兰德木乃伊，发现他的胃里有大量的食物，比如大麦、燕麦、亚麻种子、鹅腿等等，细数之下，居然有 30 多种。有两位考古学家对这个食谱很好奇，他们如法炮制，尝过之后却恶心不已。

在距离托兰德木乃伊发现地不远处，人们又挖掘到一个年轻的、梳着复杂辫子的木乃伊。从她的发型看，这具木乃伊应该死于 2400 多年前，是被皮带吊死的。如今，这具木乃伊被安置在博物馆中，人们能看到她那保存完整的辫子。

这些木乃伊年代久远，外表几乎损毁得不成人形。科学家们利用高科技为这些木乃伊复原了容貌，他们选择了一具死于公元300年、名为赖德·弗朗茨的木乃伊，这具木乃伊生前可能是一名骑兵。经过不懈的研究，科学家们终于让这个死了2000多年的古代武士“睁开了双眼”。后来，科学家们又为伊蒂女郎复原了容貌，这位女郎很美丽，拥有一双碧蓝的双眼。

这些木乃伊是北欧的先祖，在没有任何文献资料的情况下，各界学者只能一步步地探索。

新克罗木乃伊

在1983年以前，智利的阿里卡一直鲜为人知，但因为一件事，它被全世界所知晓。那一年，一名建筑工人在阿里卡的沙土中进行挖掘工作，令他意想不到的是，在一片只有几间卧室大小的区域内，他居然挖出了100来个人形的物体。这些东西很像古代的人形玩偶，个头并不高，神情与表情十分僵硬，且皮肤上涂了一层黑漆。

这些是什么东西？其实，它们就是木乃伊。

考古学家博纳多·阿里扎立马赶赴现场，分析过这些木乃伊后，他指出：这些木乃伊生前生活于公元前5000年左右，可以说是世界上最古老的人造木乃伊，比埃及的木乃伊还要早上1000多年。后来，这些木乃伊被命名为新可罗木乃伊。至于名字的来源，是因为这些木乃伊曾经生活在海滩上。

新可罗木乃伊是智利北部居民的先祖，他们死后葬在海边。在进一步研究过木乃伊后，考古学家们发现了一个奇怪的现象，那就是这些木乃伊身上的骨骼或多或少骨折过，有的甚至头部骨折、脊柱断裂。这是为什么呢？阿里扎博士给出了两个猜测：一是这些木乃伊在生前遭受过许多家庭暴力，这些伤痕可能是在阻挡对手的打击时造成的；二是当地居民为争夺资源而大打出手。

那么，这些木乃伊是怎么制作的呢？通常情况下，他们会将尸体的皮去掉，然后把尸体埋在地下几周。这段时间内，地下的细菌会吞食尸体的肌肉和内脏。然后，他们把骨骸挖出，并用木棒加固。几乎每具新克罗木乃伊的身上都有木棒，其中有一根木棒从脊柱直到头部。接着，他们将皮肤套在骨骸上，并用泥土和稻草填充尸体，最后再在皮肤上涂上一层黑色的泥土。所以，新克罗木乃伊又有“黑色木乃伊”之称。

当地人为何要制作木乃伊？考古学家研究当地的历史后，觉得可能与婴儿有关。一段资料显示，一位生活在7000多年前的母亲突然失去了自己的孩子，于是她想方设法要保存孩子的尸体。所以人们猜测，当地人将死者制成木乃伊，是因为想用这样的方式来让死者继续享受家人的爱。

由此可见，新克罗木乃伊是当地古人用悲愤的力量制作出来的，这表现了古人在死亡到来时对生命的渴望。

富兰克林木乃伊

1843年，英国皇家海军为了穿越大西洋和印度洋，寻找距离东方最近的航海路线，将在澳大利亚当了6年总督的富兰克林召回国。经过近两年的准备，不仅成立一个拥有138人的探险远征队，还打造出“埃列巴士”和“特洛尔”号两艘轮船，这两艘船具有先进的破水设备和巨大的蒸汽动力。为了防止中途出现变故，船队准备了大量的食物，这些食物足足可以吃三年。

1845年5月，58岁的富兰克林带着自己的队伍出发了，他们驶出泰晤士河，穿越格林兰西岸，很快到达白令岛。7月26日这一天，富兰克林的探险船队在巴芬湾水域遇到一艘来自英国的捕鲸船。按照当时的航海传统，富兰克林需要将自己船队的航海日志交给捕鲸船的船长，船长到达英国后，代为交给皇家海军。可谁也没想到，富兰克林的探险船队突然神秘失踪了。

1848 年，距离富兰克林离开英国已有两年，皇家海军曾多次派船队在海面搜寻救援，但都没得到一点消息。

富兰克林的探险队究竟在哪儿？原来，在 1845 年 7 月底，探险队就到达了巴芬湾。不幸的是，他们遇上了浮冰，这些巨大的冰块阻挡了他们的去路，使他们不得不放弃前行，然后在德文岛屿西南方向的一个小岛上设营越冬。第二年夏天，探险队的两艘船沿着皮尔海峡来到了威廉王岛。这一次，他们又被浮冰困住，无法移动半米。这时他们携带的食物开始变质，这让船员们很不安。

1847 年 6 月中旬，富兰克林去世了。到了 8 月，船只依旧被浮冰困住，船员们只好在船上度过第二个冬天。这个冬天对船员来说简直是个噩梦，因为食物短缺，许多船员出现了败血症，一个接一个地死去。直到来年春天，浮冰依旧没有化，而两艘船只剩下 105 人，死了 30 多人。为了求生，船员们孤注一掷，他们将食物放在小艇上，准备乘坐小艇离开浮冰群。后来，小艇到达费利克斯角，望着无边无际的海洋，船员们绝望不已，他们一边漫无目的地飘荡，一边将航行的资料装在罐头盒子里。

就这样，这支数百人组成的探险队全军覆没。而富兰克林探险队的失踪之谜，直到 14 年后才被人们解开。

在此后的十来年中，许多船队参与了搜救行动。直到有一天，一个船队在一座荒无人烟的冰岛上发现了一艘救生艇，小艇内有香皂、书和窗帘杆等物品。这个发现让人们很疑惑，正常人乘坐救生艇逃生，怎么可能会带上这些东西呢？

后来，科学家们发现，在富兰克林探险队航行的早期，有三名船员死在了加拿大西北部的比奇岛上。或许从他们的尸体上，人们能寻找到一些线索。1986 年夏天，一个调查小组登上了比奇岛。他们在岛上搭好帐篷，小组内的科学家开始寻找那三名船员的尸体。经过 20 小时的努力，他们挖到了一块石灰石泥板，然后又挖到了棺材。打开棺材后，里面的尸体居然保存得十分完整，并且都变成了木乃伊。

为什么这些尸体会成木乃伊？这个问题很好回答。因为这些人的尸体是在冰天雪地的环境中保存下来的，寒冷的天气使他们的尸体冻结，细菌也就无法进入尸体。后来，研究小组给木乃伊解冻，数个小时后，尸体一具一具完整无缺地呈现在众人眼前。经过 X 扫描和尸体组织样本研究，人们发现，其中有两名船员体内的铅含量极高，超过了正常人 5 倍。难不成这些船员是死于铅中毒？可是为什么只有两个船员出现这样的情况？

后来，研究小组研究小岛上富兰克林探险队船员们遗留下来的垃圾，这些垃圾竟然告诉了人们答案。船员们的食物都是被放在罐头中的，而罐头是用铅焊接而成的。罐头吃多了，体内的铅含量自然变多，最后导致铅中毒。此外，这些铅毒还影响了船员们的心智，当他们试图前往安全的地方时，居然会将无用的东西放在小艇上。

最后，调查小组得出了一个悲哀的结论：这些探险队员们是因为疾病，或是因为失去理智而陷入疯狂，然后在严寒中慢慢死亡的。调查过后，他们将那三具木乃伊依旧埋葬在原地。

由此，困扰了人们百年之久的谜团终于解开了，虽然富兰克林的探险队全军覆没，但依旧受到人们的尊敬。现在，比奇岛上有三座坟墓，每座坟墓旁边都有两块墓碑。石质墓碑上的字已经模糊不清，而钢质墓碑上的字还十分清晰，记载了关于富兰克林探险队的内容。

格陵兰木乃伊

格陵兰岛是世界上最大的岛屿，整个小岛被冰层覆盖，只有15%的陆地供人生存。小岛上居住着爱斯基摩人，他们以捕鱼为生。

1972年的某一天，两名猎人遇上了暴风雪，他们躲在格陵兰西海岸的一个洞穴中。在这个洞穴里，他们发现了多具木乃伊，其中有六具为女性木乃伊，还有两具为婴儿木乃伊。

经过鉴定，这些木乃伊已经有500多年的历史，它们能保存得如此完整，不得不说是个奇迹。那么，这些木乃伊是怎么形成的呢？丹麦哥本哈根大学的人类学博士尼尔斯·林纳鲁普指出：格陵兰位于北极，气候干燥寒冷，很容易形成天然木乃伊。如果尸体所处的位置恰好能避开雨水的侵袭，那么它们不仅不会腐烂，还能保存很长的时间。

考古学家们观察木乃伊的穿着，发现其打扮与爱斯基摩人几乎一模一样。他们外层的衣服是由海豹皮制成的，里面的衣服则是用鸟皮制成的。从这些服饰看，当时爱斯基摩人的生活很简单，而且贴近自然。另外，在一具老年女性木乃伊身上，人们还发现了精致的纹身。这些纹身可能标志着已婚，或是已经有了孩子。

只是，这些木乃伊是怎么死的？更奇怪的是，为什么没有男性木乃伊？

通过X光扫描，人们发现其中一个女性木乃伊的脑袋里长了肿瘤，而年纪稍大一点的婴儿木乃伊有骨头病变的症状。如果这些木乃伊来自同一个家庭，这些疾病无疑是厄运，而且他们还要抵抗寒冷的冬天。人们推测，年纪最小的婴儿木乃伊可能是被活埋的，因为他的妈妈去世了，这也就意味着没有人能照顾他。至于为何没有男性木乃伊，这与爱斯基摩的生活方式有关，因为男性都外出打猎了，他们可能在打猎中遇到了灾难。

当然，这些也都是猜测而已。不过，从格陵兰木乃伊身上，我们能够看到爱斯基摩人的过去，知道他们先祖的生活环境有多么艰苦，而它们也向人们展示了北极圈内的人文历史。

印加儿童木乃伊

1995年，秘鲁境内的一座冰墓被爆发的火山融化。人们在墓内发现了一具十来岁的女孩木乃伊，它被人们称为“胡安妮塔”。几年后，一名考古学家在尤耶亚科峰发现了一具8岁小男孩和两具小女孩的木乃伊，它们被称为“尤耶亚科男孩”和“尤耶亚科女孩”。

2004年，考古人员又在秘鲁首都的郊外地区发现了一片祭祀墓地，这座墓地保存完整，里面有多具用于祭祀的遗骸。让人震惊的是，这些遗骸都属于儿童。其中有两名儿童的遗骸被利器重重击打过，其余有的咽喉被割开，有的则被活埋。

经过鉴定，这些儿童木乃伊和遗骸生前生活在1000—1500年前的印加文明时期，这些遗体有力地证明了古印加人曾将儿童当作祭品。

在16世纪早期，哥伦比亚、智利中部都被印加帝国统治着，而秘鲁库斯科城西的马丘比丘古城曾是印加人的精神中心。印加人的信仰很奇怪，他们将山峰视为神明，所以时常向山峰献祭，这就导致无数的印加儿童曾被献给他们所敬畏的神明。

著名的人类学家托马斯·毕森博士曾这样描述当时印加人的心态：“如果你向神灵献上祭品，那么神将回报你，帮你达成心愿。当时印加人最大的愿望是雨水充沛，庄稼茁壮成长，家畜兴旺。”

那么，什么是印加人心中珍贵的祭品呢？无疑是孩子。因为孩子是印加帝国的希望，而容貌俊美、血统纯正的孩子更有资格成为祭品。那么，那些被选为祭品的孩子，他们的父母会伤心吗？答案是一点也不。印加历史资料中有这样的记载：当孩子被选为祭品，他的父母会非常荣幸自豪，有时候当地贵族们还会自愿献出自己的孩子。

科学家们对这些儿童木乃伊的头发样本进行分析，结果发现，这些儿童平常的食物为马铃薯等蔬菜，但在被祭祀的前一年，他们的食物发生了很大变化，主要吃玉米或是风干了的骆驼肉。由此，人们得出，古印加人在祭祀前都会将这些孩子养胖。并且，越接近祭祀时间，这些孩子们的伙食会更好。

当然，人们最关心的问题是，这些用于祭祀的儿童是如何死亡的？

经过计算，古印加人将儿童送往尤耶亚科山峰，直至孩子们死亡，大约需要4个月的时间。在尤耶亚科山峰上的三具儿童木乃伊的头发中，人们发现了玉米酒和古柯叶的成分，这很有可能是儿童在山上所吃的食物。在“尤耶亚科男孩”木乃伊的衣物上，人们还发现了呕吐物和腹泻物，经过鉴定，其死前服用了一种可以引发幻觉的药物，药名为“胭脂树”。并且，“尤耶亚科男孩”死前遭受了残忍的对待，他的肋骨折断，骨盆脱臼，而且还是窒息而死。当然，也有人认为，这些献祭的孩子死得很平静，祭司是在他们熟睡的时候将其活埋的。

至于事实是否如此，人们无法确定。不过有一点可以肯定，那就是这些孩子经过长途跋涉到达山峰后，承受着巨大的恐惧和折磨。

圣比兹木乃伊

1981年，考古学家在英格兰西海岸的小山村圣比兹附近的修道院内挖出了一副12世纪的铅质棺材。经过鉴定，它已经有700多年的历史。当时参与挖掘的研究人员理所当然地认定，棺材内肯定只是一具遗骸，因为以往发现的中世纪棺材里都是遗骸。

当人们用电锯打开它时，所有人都目瞪口呆。他们看到了什么？棺材里有一个人形的包裹，而包裹里面是一具保存得十分完整的木乃伊。因为是在圣比兹发现的，所以人们便称这具木乃伊为“圣比兹木乃伊”。

木乃伊被亚麻布包裹着，亚麻布上有一种棕色的粘稠物质。初步观察，这种物质有点像柏油，经过化验分析后才知道，这种物质是蜂蜡。早在公元前1000年左右，埃及人就用蜂蜡制作木乃伊，因为他们认为蜜蜂是一种神奇的动物，它们不仅拥有巨大的力量，而且还能使人延长生命。

木乃伊的裹尸布被揭开后，摆在眼前的问题是：这具木乃伊的死因是什么？

很快，研究人员就发现，这具木乃伊的下颚裂成了两半，右边胸口不仅肋骨断裂，肺叶也被刺穿。在中世纪，能造成这样的伤势唯有从马背上摔下来，或是参加战斗。这个判断有利于人们查证这具木乃伊的身份。查过资料后，人们推测，这具木乃伊可能属于一个名叫安东尼·德·鲁西的贵族。这位贵族死于1368年的波兰，死前与日耳曼的骑士战斗过。

兰卡斯特大学的约翰·托德博士认为：“这位贵族可能死在他乡，为了把尸体运回英格兰，人们便在尸体上涂上蜂蜡和铅，目的是为了将他的尸体保存一段时间。可是无意中，他的尸体居然被制成了木乃伊。”

这具木乃伊足足被研究了一个星期，之后又被重新下葬。

新疆木乃伊

杜肯·金巴瑞是著名的考古学家，也是丝绸之路研究协会的主任。有一次，他在新疆的塔克拉玛干地进行考古工作，并从当地人那里得到这里有一处神秘古墓的信息。后来，他真的发现了一座古墓，古墓里面居然有好几具栩栩如生的木乃伊。

墓中共有五具木乃伊，包括一具男性木乃伊、三具女性木乃伊和一具仅有三个月大的婴儿木乃伊。这些木乃伊是一家人吗？研究表明，他们不是一家人。可是，既然不是一家人，为何又会被葬在一个墓中？

经鉴定，这些木乃伊死了约3000年，而其能保存得如此完整，这得多亏当地的气候条件。杜肯·金巴瑞说："这里属于沙漠气候，干燥的天气能使尸体快速脱水，并且墓中含有盐分，这对保存尸体至关重要。"

由于保存完好，这些木乃伊面部的特征清晰可见。他们长着红色、褐色或是金色的头发，鼻子又高又挺，颧骨特别高，皮肤也很白皙。如此看来，他们并不像中国人，反倒像欧洲人。长岛大学波斯特分校的古埃及学专家鲍勃·伯瑞尔博士断言：他们一定是白种人。

如果真是如此，这些西方的游牧民族早在公元1000多年前就穿越危险重重的沙漠，来到了古老而神秘的中国。

列宁的木乃伊

众所周知，列宁原名为弗拉基米尔·伊里奇·乌里扬诺夫，是著名的马克思主义者，是无产阶级的革命家、政治家、理论家、思想家，更是俄罗斯苏维埃联邦社会主义共和国和苏维埃社会主义共和国联盟的主要缔造者，也是布尔什维克党的创始人、十月革命的主要领导人、苏联人民委员会主席。

列宁的木乃伊能当选为世界十大木乃伊，主要是因为他的木乃伊的制作方法太过神秘，至今仍是俄罗斯的最高机密。

第六章

探索金字塔的奥秘

金字塔是埃及的象征，是古埃及人的智慧结晶，它们气势威严，历经沧桑，迄今已经有数千年的历史。可是，这一座座屹立在黄沙中的“武士”却留给人们一个又一个的谜团，而这些谜团无不神奇而绚丽。

埃及金字塔是如何演变的

在埃及，金字塔无疑是一道亮丽的风景线，它们神秘古老、气势磅礴。这些造型多变的金字塔均经历了数个演变过程。在这里，我们以金字塔的雏形“马斯塔巴”建筑为起点，再以吉萨大金字塔为终点，来说说埃及金字塔的演变史。

第一个演变过程：马斯塔巴

早在前王朝时期，马斯塔巴就已经出现，主要集中在埃及阿拜多斯和萨卡拉地区。据考证，马斯塔巴是古埃及人最早的坟墓，为四棱柱形，分为地上和地下两个部分，绝大多数上大下小，也有小部分上下相等。

如果从外形上看，马斯塔巴与金字塔一点也不像，因为金字塔是“金”字形的，马斯塔巴一点也不符合“金字塔”的概念。

希腊作家希罗多德的《历史》中曾经提到了“泥砖金字塔”一词，其实泥砖金字塔就是一座马斯塔巴。到了1950年，人们在萨卡拉发现了一个造型奇特的马斯塔巴——阶梯形式的马斯塔巴。这座建筑属于埃及第一王朝国王阿涅德吉布时期的一位大臣。这座马斯塔巴不仅扩大了规模，也开始追求“高度”。这里的“高度”并不单单是物理上的高度，而是一种身份上逐渐上升的感觉。由此可见，马斯塔巴正朝着金字塔转变。

第二个演变过程：阶梯金字塔

阶梯金字塔是早期的金字塔，最早出现在第三王朝，是当时的宰相伊姆何太普为左塞王建造的。考古学家们设想，伊姆何太普最初只是想建造一座大规模的马斯塔巴，可能为了彰显不同之处，又在原基础上加了三层，变成了四层阶梯状。后来觉得还不够，又增加两层，变成了我们现在所见到的六层阶梯金字塔。最关键的是，这座金字塔的建筑材料并不是泥砖，而是石块，可见人们在建造技术上又进了一步。

在神话中，上帝花费七天时间创造了世界，所以他不会让埃及人一夜之间建成金字塔。在这之后，埃及人经过漫长的探索，承受了无数次的失败。比如左塞王之后的几位国王，他们的陵墓也都是阶梯形金字塔，只不过规模上大了许多。到了埃及第三王朝末期、第四王朝初期，当时的国王胡尼弗鲁做出了一个新的尝试，他用石灰石将阶梯填平，从外形上看，阶梯金字塔变成了一座真正的正四棱锥形金字塔，后期人们称之为“美杜姆金字塔”。可惜的是，因为没有经过严谨的计算，这座金字塔在竣工没多久就崩塌了。至今，我们还能看到崩塌的美杜姆金字塔的遗迹。

第三个演变过程：弯曲金字塔和红色金字塔

好在埃及人并没有因许多次的失败而放弃修建真正的金字塔，他们从美杜姆金字塔的建造中吸取教训，总结出失败所在，这才出现了后期的弯曲金字塔和红色金字塔。虽然从外形上看，这两座金字塔与大金字塔有很大不同，但是它们能够在风沙中屹立千年，足见其建造技艺之精湛。更不可思议的是，比起风化了覆盖层的大金字塔，这两座金字塔显得更加坚固。

但无论如何，弯曲金字塔和红色金字塔是件失败的作品，我们从后期古埃及人建造的金字塔中可以看到，这样造型独特的金字塔并不符合当时人们的审美观念。可是，是什么原因让埃及人修建了如此怪异的金字塔呢?

对此，考古学家们给出了两个解释：其一，如果继续按照金字塔原本的倾斜角修建，可能会出现棱角合不拢的局面；其二，金字塔下面的墓室因为承受不了上部的压力，不仅出现了大量的裂痕，还要面临崩塌的局面，这一点从弯曲金字塔内部支撑着墓室的粗壮木材上可以得到验证，再来也没有哪个国王能忍受死后住在一个根基不稳的陵墓内。

第四个演变过程：吉萨大金字塔

从弯曲金字塔和红色金字塔的建造过程中，埃及人吸取更多的经验和教训，开始考虑金字塔内部的结构，并且制订了详细的修建计划，使得金字塔演变成真正意义上的金字塔。

吉萨大金字塔是埃及最早、最大、最成功的金字塔，同时内部构造也最为复杂。从这座金字塔的内部看，埃及人巧妙地解决了内部的承重问题。走道上面宽，下面窄，两壁越往上就越靠拢，最终能合并在一起。最让人拍案叫绝的是塔内的法老墓室。墓室顶部由数层巨型花岗岩石板构成，最上层的两块石板构成一个三角形支架。从这可以看出，埃及人早在建造大金字塔之前就考虑到了墓室顶部的承重问题，并设计出一套完美的方案。

从马斯塔巴到阶梯金字塔，再从美杜姆金字塔到弯曲金字塔和红色金字塔，最后演变成现今的吉萨大金字塔。由此可见，埃及金字塔经历了一个复杂而完整的进化过程，就好似蜕变的蝴蝶。这其中，我们还看到了埃及人坚韧不拔、永不言弃的品格，使得金字塔当之无愧地成为地球上不朽的传奇。

谁才是埃及金字塔的建造者

千百年来，有这样一个问题一直困扰着人们：埃及金字塔是如何建造的？在探索这个问题之前，我们先来说说金字塔的建造技艺。

在埃及近百座金字塔中，数胡夫金字塔年代最久远，规模最宏大，在这里，我们就以胡夫金字塔为例。这座金字塔早前一直是世界上最高的建筑。它占地面积广，沿着塔身走一圈，差不多要走一公里的路程。此外，它的建造技艺也让人惊叹。比如金字塔是由上百万块打磨光滑的石块堆叠而成的，这些石块最轻的有 2.5 吨，最重有上百吨。埃及人是用什么方法将石块堆叠起来的呢？这些石块间还没有任何黏合物，经历数千年后紧密度依然惊人，即使是锋利的刀片也很难插入石块的缝隙之中。

除此之外，在金字塔的北侧有一个三角形的入口，这个入口由四块巨石砌成，距离地面 13 米。让人惊奇的是，埃及人为何将入口建造成三角形，而不是四边形？难道他们早就得出了“三角形具有稳定性”的结论？如果真是这样，古埃及人在力学的运用上绝对是了不起的。除了金字塔，狮身人面像的建造技艺已经也让人叹为观止。狮身人面像距今有 4500 多年的历史，是用整块天然岩石凿成的，那巧夺天工的雕凿技艺，即使是现代的艺术大师也自叹不如。

埃及金字塔无疑是杰出的建筑物，对于是谁建造了它们，学者们给出了千百种说法，其中有四种说法最为普遍：

第一种：百万奴隶的成果

希腊作家希罗多德被称为“西方史学之父”，他的著作中曾提到过，建造大金字塔的石块是从西奈半岛开采的，这些石块经过修饰和打磨，再从河东的图拉运去吉萨。

当时的社会技术落后，没有炸药，没有钢钎，所以开采巨石是件很困难的事。埃及人只能使用铜制的凿子在巨大的岩石上凿眼，然后插入灌上水的木楔，木楔吸足水膨胀，岩石也跟着胀裂。以现代人的眼光看，这种方法太过落后笨拙，但是在几千年前，这种技术已经很先进了。开采完石块后，埃及人又面临另外一个难题，那就是如何将石块运去金字塔工地。埃及人将石块放在装有滚木的雪橇上，让无数的人和牲畜共同推拉。当然，在这之前，他们花费了十多年的时间修建了一条宽阔平整的道路。

在建造大金字塔时，素有“暴君”之称的法老王胡夫强迫所有的埃及人为他修建金字塔。这些人被分为十万人一组，一组需要连续工作三个月。这些人中，奴隶占据了大部分，也有不少的农民和手工业者。他们在建筑点用沙土堆起一个能逐渐堆砌的斜面，然后将运来的巨石一块块往上推。就这样一层层地堆沙土，一层层地叠石块，花费了整整20年的时间，大金字塔才竣工。

第二种：地外文明的杰作

人类对金字塔研究了多年，可是当下的谜团还没解开，另外一个谜团又迎面而来。在金字塔的建造上，同样有许多难解之处。同时，随着对地外文明和UFO的观察与研究，越来越多的人将金字塔和外星人联系在了一起，他们认为金字塔是外星人的建筑成果。当然，这并不是空穴来风，经过严密推算，人们发现大金字塔的经线恰好能将地球分为东、西两个半球，更不可思议的是，划分后的两个半球的陆地面积是相等的。这是巧合，还是外星人刻意造成的结果呢？

第三种：失落文明的著作

这种说法与第二种说法有异曲同工之妙，都是玄之又玄的说法。持这种观点的人认为，金字塔是一个毁灭了的高度文明的后人创造出来的杰作，比如亚特兰蒂斯后人。对于这两种说法，恐怕埃及人心里不是滋味，因为这等于将埃及文明和埃及人的智慧一股脑儿地否定了。

第四种：古埃及人的智慧

除了以上三种典型的说法，还有一种说法被越来越多的人接受，那就是金字塔是古埃及人建造的。埃及人运用自己的智慧解决了许多的建造问题，这才让金字塔成为一大奇迹。但不论如何，我们无法否定金字塔是古埃及文明的象征。

金字塔真的是坟墓吗

在绝大多数人的印象中，埃及的金字塔是法老的陵墓。可是，人们在吉萨的三大金字塔中并没有发现哪位法老的木乃伊。那么，金字塔真的是法老们的陵墓吗？如果不是的话，它存在的目的又是什么呢？

在弄清楚金字塔是否是法老的陵墓之前，我们要先弄明白这样一个问题：埃及的法老们为何要修建如此大规模的陵墓。

在《金字塔铭文》中有这样一段话："天空朝你降下了光芒，以便你可以到天上，就像拉的眼睛一样。"埃及的法老们认为，人死后能够进入阴界，而金字塔就是他们进入阴界的媒介。为了死后在阴界继续拥有荣华富贵和无上的权力，他们修建了外表气势磅礴、内部富丽堂皇的金字塔。此外，金字塔的倾斜角约52度，当你站在金字塔脚下，会觉得塔顶耸入云霄。从这里不难看出，埃及人十分崇拜太阳神。在赫利奥波利斯的阿蒙·拉神庙中有与金字塔相类似的石块，这些石块被铜和金箔包裹着，在阳光的照耀下显得异常耀眼，这也是埃及人崇拜太阳神的象征。

由此可见，埃及人修筑金字塔与当时的信仰有关，他们渴望死后继续掌权，渴望得到太阳神的恩泽。可让人不解的是，为何在金字塔内找不到法老们的木乃伊？这个疑惑不禁让人们怀疑起金字塔真正的用途。对此，有这样几种猜测：

猜测一：金字塔是发电厂

一位著名的埃及金字塔研究专家阿兰·F.阿尔福德出版了一本名叫《新世纪奇迹》的书，书中指出金字塔其实是发电厂，而且给出了大量的证据。比如在大金字塔王后墓室的地板上有被水流长期侵蚀的痕迹，国王墓室的四周被某种高温物质烧焦过，在距离吉萨不远处的国王谷和王后谷中堆积了大量的耐高温的白色细沙。将这一个个小细节串在一起，就得出这样一个结论：当尼罗河水涌入金字塔边时，金字塔地下室率先被水淹没，通过某种装置，这些水燃烧后产生巨大的热能。

如果这些还不足以证明，那一些持这种观点的科学家们还给出了这样几个证据：第一，大金字塔是由白色石灰岩堆积而成的，这种石质不含镁，且绝缘性极高，再加上石块之间砌合紧密，断绝了金字塔内部电流的流逝。第二，金字塔内部由另外一种石灰岩构成，这种石灰岩含有水晶和少量金属，这保证了金字塔的导电性和能量传导性。此外，金字塔的竖井上有大量的花岗岩，这种石质可作为导体，能够保证电离气进入竖井。第三，吉萨平原下的地下水是发电的能源。

如果金字塔真的是发电厂，那它的用途是什么呢？对于这个谜团，人们至今还没有理出头绪。

猜测二：金字塔是宇宙通信塔

1998年，英国著名的金字塔专家扎克利亚·斯特钦在他的著作《通往天外之路》中写道："吉萨高原乃至整个尼罗河谷的金字塔的排列位置与猎户星座内星球的排列位置完全一样，所以金字塔一定与猎户座有关，金字塔群就是一幅浩瀚的星象图。"另外，美国的宇航员还发现了这样一个奇特的现象：

在每年特定的几天中，太阳光照在吉萨金字塔塔顶的大理石石板上时，它反射出来的光芒即便是在月球上也能看到。古埃及谚语中也说过：“金字塔是光明之顶，是巨大的眼睛。”由此可见，金字塔不仅是一幅宇宙星象图，还是一座具有导向性的宇宙通信塔。只不过，金字塔是为什么人做导向的呢？难道是外星人？要知道，人类的宇宙航天技术还不足百年。

猜测三：起到祭祀和宣扬王权的作用

人们在埃及第五王朝和第六王朝时期建造的金字塔群建筑内发现了大量的墙面浮雕，浮雕表现的内容是：国王统治着人间；他向神灵献祭；国王受到神灵的认可，成为神灵的化身……此外，在金字塔建筑群里，每一个神灵都有特定的位置，像河谷神庙内放置着荷拉斯神，祭祀神庙内放置着拉神……这些神庙都正对着金字塔，可以看出埃及人对太阳神的崇拜，也能看出法老们向平民和世人宣扬王权至上的理论。

猜测四：大金字塔日时之说

这是一种比较古典的说法，是一位法国人在 300 多年前提出来的。他注意到，太阳光照射在大金字塔塔面的影子会随着季节而有规律地变化。经过一年的观察，他得出这样一个结论：在大金字塔北侧的斜面上，不同的季节可形成“有影子”和“没有影子”两种结果。比如春季，当阳光照射后，塔身便没有影子。所以，他设定的分界为 3 月 1 日和 10 月 14 日，这两天恰好是播种和收获的时期。

人们对于金字塔用途的猜测远远不止以上几种，还有天文观象台、记录器、末日预言说等等。但不管是何种说法，都没有明确的证据，也仅仅是人们的猜测而已。毫无疑问，人们在探索金字塔的奥秘上还需要走很长一段路。

难以完成的宏伟工程

在埃及，金字塔是一道亮丽的风景线，它们屹立在广袤无垠的沙漠中，向游人们展示着雄伟的气势。站在金字塔脚下，我们不禁会有这样一个疑问：几千年前的古埃及人是如何建造出这些工程浩大、设计精密的金字塔的？在探索这个问题之前，我们需要了解一下它的运输之谜。

之前我们已经说过，金字塔是由石块堆叠而成的，最轻的有 2.5 吨，最重的达到百余吨。面对这样的庞然巨石，埃及人是如何将它们从采石场运到施工工地上的呢？用车载？用马拉？这些都行不通。因为据历史记载，马和车这些工具是在修建大金字塔 1000 多年以后才从国外传到埃及的。

根据目前的研究情况，人们给出了这样几种运输方法：

第一种：滚木运输法

古埃及人将砍伐的树木制成滚木，然后将开采出来的石块放置在滚木上，接着借用人力和牲畜力拉推，就这样缓缓地运输到施工现场。当然，在这之前需要修建一条便于滚木运输的道路。经验证，这种方法确实可行。可是有一个问题不得不面对：滚木运输需要耗费大量的木材，而当时埃及的主要树木是棕榈，这种树木生长缓慢，数量不多，木质也不够坚硬，远远满足不了滚木运输耗损的需求，而从别的地方开采木材也不现实。

第二种：水运法

1980 年，埃及吉萨古遗迹督察长哈瓦斯对当地的岩石进行取样，当他挖到 30 多米深时，一个 50 米深的岩壁赫然出现在眼前，他猜测这可能是埃及第四王朝时期开凿出来的港口。在这之后，人们还发现了一条连接港口的水道。所以人们推测，当时的埃及人就是通过这个港口和水道将巨石运到施工点的。可是，让人百思不得其解的是，水面距离岩石有十几米高，要想用水运输的话，那就需要滑轮、绞车和起重设备，不然这比用滚木在陆地上运输还要困难。

第三种：沙运法

建造金字塔时，开采出来的巨石和大型雕像必须经过沙漠。科学家们发现，潮湿的沙子或许就是搬运巨石的关键所在。当时的古埃及人将石块放在滑橇上，然后借着湿沙的滚动力推拉。为了验证这种说法，荷兰阿姆斯特丹大学的研究人员特地做了一个实验，他们使用流变仪测试沙子的硬度，发现沙子硬度和牵引力与沙子内所含的水分有关。这就意味着，将潮湿的沙子铺在滑橇前可以使载着巨石的滑橇轻松地移动。另外，在埃及金字塔中，人们发现了这样一幅壁画：一位埃及男子站在滑橇前，将水灌入沙子内，目的就是制造出牵引力大的湿沙。

第四种：混泥土浇筑法

这种说法似乎有种穿越时空的错觉，因为混泥土浇灌技术远远晚于存在了数千年的金字塔。可是，人们为何会有这种观点？

2000 年，来自法国的科学家约瑟·大卫杜维斯发表了他的观点，他认为金字塔上的巨石并不是从采石场开采出来的，而是人工建造的。他借助显微镜和化学分析得出这样一个结论：金字塔的石块内含有石灰石和贝壳，这显然是人工浇筑而成的，与现代浇筑的混凝土很相似。这种浇筑出来的石块十分坚固，外表上几乎与天然石块难以分辨，这才导致人们的思维被误导。当然，他还有一个颇有说服力的证据，那就是他在石头中发现了一根人的头发，他认为这可能是埃及人在浇筑石块时不小心落在里面的。

对于约瑟·大卫杜维斯的观点，很多专家们认为可信度高。当然，也有一些专家提出了质疑：在开罗附近有许多的花岗岩山丘，埃及人为何要放弃开采花岗岩而去选择一种更复杂、更难操作的建造方法呢？

很显然，巨石的运输问题依然是一个不解之谜。不过我们暂且放下这个问题，现在来说说金字塔建筑结构上的神奇之处。

我们先做一个实验，将一定量的沙土从上往下慢慢倒在地上，你会发现沙堆呈一个圆锥体，且顶端的锥角为 52 度，人们把这个角度称为“自然塌落现象的极限角或隐定角”。以大金字塔为例，它塔顶的锥角也为 52 度。用这个角度建造出来的金字塔十分坚固，即便是地震对它产生的影响也不大。再来，不论是金字塔的形状还是金字塔的入口，都呈三角形。在数学和物理学上，三角形具有这样一个特性——稳定性。种种迹象表明，似乎几千年前的埃及人就已经悟出了这样的结论，这种思维是否太超越时代了呢？

要把一块巨大的形状不规则的岩石打磨为 52900 平方米的平整塔基，即使使用现代技术，也要花费不少功夫。而这对古埃及人来说，无疑难于登天，因为他们所处的社会没有水平仪，没有先进的动力设备，没有精密的测量工具，但不可思议的是，他们做到了，且打磨出来的塔基完美而精密。此外，金字塔其他的数据也精密得惊人：塔底四条底边相差不到 20 厘米，也就是说，误差率不到千分之一；塔的东南角和西北角的高度相差 1.27 厘米，误差率为万分之一……当时的埃及人以胳膊的长度作为测量单位，凭着这样古老落后的“工具”，他们怎么能把金字塔建造得如此精密？

时间可以让木头腐烂，也可以让铁片生锈，用这两种材料建造金字塔显然存在安全隐患。所以，金字塔的设计者为了确保金字塔永存于世，不采用一根木材、一颗铁钉，纯粹用石块堆积而成，并且石块间没有任何黏合物。在这样的情况下，石块不仅拼接得天衣无缝，而且连最薄的刀片也插不进去。这样的建造技术实在让人难以置信。

说到这，还有一个严肃而神秘的问题：埃及人是如何将石块一层层地垒上去的？

有人提出，埃及人使用了一种木制的船型工具。他们利用杠杆原理将巨石逐步举高，接着一层层垒砌。但这需要面对是：那些巨石轻则几吨，重则上百吨，所需要的支架和绳索从何而来？

有人提出了填沙法。将沙子填在塔基周围，每垒一块巨石，就堆高一层沙，以此当脚架。等金字塔建成后，再将沙子清除。先不说这种方法行不行得通，我们先来做一道数学题：大金字塔是一个四棱锥，塔底为正方形，底边边长为 230 米，高 146 米。那么，它的体积是多少？如果在塔基的外围铺上沙子，造出一个斜坡为 30 度或 25 度的运送石块的斜坡，那么它的底边各是多少米？假设填高后的沙子高度也是 146 米，又需要多少立方的沙土？

计算出所需的沙子量无疑是惊人的。如果这个法子可行，这么多的沙子从何而来呢？此外，金字塔建成后，沙土的清除又需要耗费大量劳动力。所以之后有人提出了填盐法，就是用盐替换沙子，等建成后，直接用水就能将盐融化。不过，要弄到这么多盐甚至比沙还不易，何况一场大雨就能毁掉整个盐坡。此后，还有人提出用尼罗河的泥砖砌成盘旋斜道，这与填沙法有异曲同工之妙，只不过泥砖似乎比沙子更难取罢了。

金字塔留给人们的建筑之谜远远不止上述这些，比如人们在金字塔内没有找到任何照明工具，在如此黑暗的环境里，埃及的工匠们是如何进行内部施工的呢？要知道，金字塔内的浮雕美轮美奂、栩栩如生，墓室的地面上也干净整洁……对于这些，科学家们至今仍在探索。

大甬道之谜

埃及金字塔的内部结构极为复杂，向人们呈现出一组组匪夷所思的精密数据。其中谜团最多、最令人费解的当属“古王国残留的最伟大的建筑”——大甬道。

以大金字塔为例，它是世界上最大的石材建筑，其内部的大甬道需要支撑它上方 2/3 的重量。这种承重力高的建筑在现代看来或许不算什么，但是在 4500 多年前由技术原始落后的古埃及人构想设计出来，就显得有些怪异了。

假设埃及人选择将大甬道建在平坦的地面上，长度在 6 米左右，以当时的技术来说，已经十分困难，但是埃及人似乎不畏艰难，敢于向困难挑战，不仅将大甬道建成约 47 米长，还将其设计为 26 度的倾斜角。此外，他们还将打磨光滑的巨型平行四边形石灰岩石板毫无接缝地陈铺在墙壁上，乍眼看去，浑然一体。另外，大甬道的上坡道很陡，且铺在地板上的石灰岩平整光滑，照理说，正常人是无法在上面行走的。那么，古埃及人是怎么在甬道内穿梭的呢？

当然，这还不是最让人惊讶的，最令人惊奇的还在于古埃及人运用的对称概念。比如，大金字塔内大甬道屋顶的宽度约为 1 米，地板的宽度则为 2 米。沿着整个大甬道的地板中线有一条沟槽，深约 0.6 米，宽约 1 米，在沟槽的两侧各有一条 0.5 米宽的石板斜坡道。这条沟槽是干什么用的？为什么与屋顶的宽度一样？它是一条对称轴吗？不然怎么将地上地下的比例分割得如此对称？再从下往上看，屋顶两旁覆盖的石块就像一条沟渠。如果脑袋不够清醒，恐怕会让人产生一种“天翻地覆”的错觉。

对于大甬道的第一印象，很多人都觉得它朴质沉重，似乎可以想象到当时埃及人在建造它时是多么的一丝不苟。站在大甬道内，回廊前后的灯光照射出一抹抹影子，仿佛在石壁上舞动。甬道内每一块天花石板的下侧边缘处都有一个类似爪牙一般的凸出物，恰好镶嵌在墙壁上部的一个切口上。因此，处在上方的石板不会给处在下方的石块带来任何压力。就这样，石板在侧墙的支撑下相互交错。大甬道的屋顶上堆积的大石块，坡度一块比一块陡峭，这足以体现出建造水平之高。

但是，从人类研究金字塔时起，似乎并没找到有关大甬道的详细记录，人们只在古埃及人的祭祀典礼中找到一些神秘而具有象征意义的符号。相关专家破译后得出：金字塔是为法老死后能够成为不灭之身而设计出来的产物，通过甬道，法老死后能够成为神灵。埃及人耗费大量的人力、物力、财力去修建一座座巍峨壮观的金字塔，并费尽心思地设计大甬道，足见他们对这个信仰的重视。而处在狩猎时代的埃及人能够建造出如此复杂、庞大的工程，着实让人难以想象。

秘密走廊与密室之谜

埃及金字塔神秘莫测，仿佛藏着无数的秘密，一批批的考古学家也一直在与这些谜团做斗争。只可惜，眼下的谜团还没解开几个，新的谜团又接踵而来，因为有考古学家声称在胡夫金字塔内发现了一条秘密走廊。

这条神秘走廊是怎么被发现的？它又通向哪儿呢？

人类探索大金字塔多年，目前发现了三个已知的墓室。首先是法老墓室，里面有一具巨大的用花岗岩打磨出来的石棺，人们认为法老胡夫的木乃伊就安葬在里面。可惜的是，当人们打开棺盖后，里面空空如也。那么，胡夫的木乃伊在哪儿？一些考古学家怀疑，胡夫的木乃伊可能早就被盗墓贼盗走了。在法老墓室的下面有一间规模稍小的墓室，被称为王后墓室，不过考古学家并不认为这间墓室是为王后准备的。此外，在金字塔地下还有一间小地下室，并且从未被使用过。

法国有两位业余的考古学家，他们是吉莱斯·多米恩和让·尤斯·弗德赫特，前者是著名的建筑师，后者是退休了的房地产商人。他们花了20多年的时间去考察金字塔，最后有了一个惊人的发现：大金字塔王后墓室的下面有一间至今不为人知的神秘墓室，这个墓室极有可能是胡夫木乃伊的最终归所。如今，他们通过地面穿透雷达技术探测到一条通往未知墓室的秘密走廊。

这两位业余考古学家的话可信度高吗？对此，许多学者们深信不疑。因为2000年时，他们曾利用穿透雷达技术在位于埃及梅登地区的一座金字塔内成功发现了两间从未被人发现的密室。

弗德赫特表示，想要证实他们的发现是真是假其实很简单，只需要将一根光纤摄像机电缆穿过金字塔内已经存在的坑洞，然后沿着坑洞抵达秘密走廊，探测走廊内是否存在吊闸机关即可。如果有吊闸机关，那么里面应该有一些巨型的花岗岩石板。因为古埃及人为胡夫举行葬礼后，会用花岗岩石板挡住走廊，以免有人通过走廊前往密室去打扰法老的灵魂。弗德赫特很可惜地表示，虽然他们已经探测到了秘密走廊，但还需要进一步探测，如此才能确定密室是否真的存在。

多米恩和弗德赫特如此笃定，其实还与大金字塔是如何建造的有关。他们猜测，金字塔在建造之前，古埃及建筑师就已经设计出了一张蓝图，工人们是按照图纸来建造的。而在建造过程中，建筑师的设计思路曾反复发生变化，因为照着原设计图造下去的话，法老墓室可能无法承受上面巨石的重量，最终会导致墓室崩塌。这种猜测并不是没有道理，因为法老墓室被多根花岗岩石梁顶着，这些石梁每根重达50多吨，且将屋顶隔成四个小空间。

大英博物馆古埃及和苏丹馆副馆长杰弗里·斯潘塞也表示：这样设计的目的是为了将金字塔中心巨石的重量分散到边上去。

可让馆长不解的是，这些花岗岩石梁上怎么有如此多的裂缝呢？一些考古学家认为，这些裂缝是金字塔建成后在某次地震中产生的。但多米恩却不认同，他觉得这些裂缝早在金字塔建造时就已经存在了，证据是：他曾研究过这些裂缝中的泥灰，距今已有4500多年之久，正是这一点让他相信，古埃及建筑师是在金字塔建造了一半的时候为了亡羊补牢而加固屋顶的。他在其新书《基奥普斯的密室》中这样写道：“法老胡夫曾为自己建造了三个墓室：第一个为法老墓室，但是墓室顶梁出现了许多裂缝；第二个是王后墓室，它入口太窄，根本无法抬入石棺；最后一个便是未被发现的密室。前两个墓室都存在问题，不能被使用，所以胡夫的木乃伊应该葬在可以被使用的第三间墓室中。”

让·皮埃尔·科蒂吉安尼是法国东方考古学协会著名的古埃及学家，他对多米恩和弗德赫特的研究结果关注了很久。他将两人用穿透雷达探测到的数据传给了一位著名的地面雷达数据专家。专家分析后，印证了两人的猜测。科蒂吉安尼说：“这位专家很权威，他参与了从巴黎到斯特拉斯堡特别快车轨道路线的设计，他说在这儿铺设轨道，那么这里一定安全，因为他可以百分百肯定这里的地下没有空洞。我想他是不会出错的，不然将来肯定会出大车祸！”此外，他还发现米多恩和弗德赫特猜测的神秘墓室处在王后墓室下方的偏西处，从结构上看，那里恰好是金字塔的中心点。所以，胡夫很有可能将那间密室作为自己最终的安息地。

当然，有很多学者对米多恩和弗德赫特的新发现表示质疑，他们认为，从建筑学的观点看，王后墓室下面根本不可能存在秘密走廊，而法老胡夫的墓室就是之前发现的那间。许多考古学家想要进一步验证米多恩两人的猜测是否属实，可惜遭到了埃及最高文物委员会的拒绝。至于拒绝的原因，委员会没有做出解释。

人们对米多恩和弗德赫特的新发现无法被证实而感到失望，但是如果神秘走廊和密室真的存在的话，那么无疑是古埃及考古史上最伟大的发现之一。

存活千年的大灰猫

在猫的国度里，1—2 岁是青春期，10 岁过后就算步入老年期了。可是在埃及，有一只猫活了上千年，这究竟是怎么回事呢？

据说，埃及的考古学家马苏博士在帝王谷进行了四个月的挖掘工作，终于挖掘到了一座古墓。当他打开墓室石门时，一只披满尘土的大灰猫突然从墓室内蹿了出来，它弓着背，叫声尖锐，眼神犀利，凶猛地朝人群扑去。后来，人们将大灰猫带去了实验室，几个小时后它就去世了。

这个故事实在让人匪夷所思，如果故事真实，也就是说，这只灰猫守着陵墓几千年，犹如一个护卫忠实地守护着主人。不仅仅是大灰猫，俄克拉荷马大学的生物学家们还在死了几千年的埃及公主梅娜身上提取到了仍然具有生命力的皮肤细胞。

埃及人是如何做到的？有科学家认为，从金字塔的结构看，它恰好形成了一个微波谐振腔体。微波的能量是不可见的，它可以加热杀菌，可以让尸体快速脱水等等。又有科学家认为是宇宙波在作怪。任何的建筑物都有吸收宇宙波的能力，只不过会根据不同的外形吸取不同的宇宙波。像金字塔，塔内的花岗岩具有储存电力的作用，也可以储存宇宙波，以至于金字塔内会产生超自然的能量。

不管是哪种原因，在几千年前的埃及，人们是怎么知道微波谐振腔体原理的呢？这个谜团还有待人们去解开。

金字塔的神奇仰角

长期以来，有关金字塔仰角的谜团让科学家们争论不休，因为它有太多的神奇之处了。

在吉萨金字塔群中，绝大多数金字塔的构造中都能看到圆周率的身影，比如金字塔的高和底边的周长比率恰好是1/2π。根据计算，金字塔的仰角为51°52′，但是查阅有关埃及的所有资料，人们发现当时的埃及人对圆周率和角度的概念很模糊。可以说，他们根本不知道什么是圆周率、什么是角度。因此，人们自然而然地猜想，金字塔真或许是外星人帮助埃及人建造的。

美国知名的电子工程师康诺利认为：古埃及人以腕尺为测量工具，腕尺的长度约为52厘米，即一个成年男子肘关节到中指的长度。金字塔底边的长度是以腕尺为直径的圆桶周长来测量的。也就是说，埃及人在建造金字塔时，无意中使用了圆周率。

我们可以做这样一个假设：使金字塔的高和底部中心到塔底边线的比为4：1，那么高÷底部周长=（4xnxc）÷（8xcx:rxn）=1/2π,（c二腕尺，n二腕尺数）。1/2π这个长期以来使有关学者迷惑不解的比率可能就是由此而产生的。照着4：1这个比率计算，金字塔的仰角必将为51° 52′。

这个特殊的角度在当时近乎是无法被准确测量并使用的，但是古埃及人却做到了这一点，并以这个神奇的角度建造出一座座举世震惊的金字塔。

天狼双星

在浩瀚的宇宙中，人们发现了一颗不同寻常的星星——天狼星。它之所以特别，是因为它具有双重星球系统，即天狼星A和天狼星B。

我们能观测到天狼星A，可是却观测不到围绕在天狼星A周围的天狼星B，因为B星的体积太小了。直到1862年，美国的天文学家埃尔文·克拉克利用当时最先进的天文望远镜才发现了它的存在，这也是西方人首次看到天狼星B。

可让人诧异的是，在研究埃及金字塔经文时，里面居然提到了天狼星是双重星球的知识。当时的埃及人是如何知道的呢？

在古埃及，每当黎明之际，天狼星从东方的地平线升起，这就意味着尼罗河又到了河水泛滥的时节。河水灌溉着两岸的良田，等河水退却后，埃及农民们也开始了新一轮的耕种。正是因为天狼星与农业生产和尼罗河泛滥息息相关，埃及人才格外关注天狼星，并将天狼星视为神明。

其实，在天文学上，这种现象被称为“偕日升”，埃及人将天狼星升起的那一天称为“岁首”，天狼星则被命名为“新年之名”。他们还发现，天狼星两次偕日升起的时间间隔不是埃及历年的365天，而是365.25天。可以说，埃及历法是我们现在使用的“公历”历法的前身。另外，不论是金字塔亦或是埃及的其他宗教、丧葬建筑，都与天文学相关，其中与天狼星的关联最大。

比如丹德拉的哈托尔神庙，它就是朝着天狼星方向建造的，胡夫金字塔的通气孔也正对着天狼星。这主要有两个原因：其一，天狼星是夜幕中最亮的一颗星，建筑师们能轻而易举地找到它，并为建造的建筑定位；其二，天狼星在埃及人心中还有“重生”的含义，法老们将金字塔对着天狼星，是希望自己死后能够重返人间。

在古埃及神话中，天狼星与伊西斯女神也有着密切的关系。

伊西斯是冥界之王奥西里斯的妹妹兼妻子，也是法老的守护神荷鲁斯的母亲。在金字塔的经文中有一段关于奥西里斯的话：“你的妹妹伊西斯来了，你高兴，你爱。因为伊西斯有了孩子，所以她变大了，就像赛普特一样。荷鲁斯将以赛普特居民的身份出生。”

这段文字中，“赛普特”指的就是天狼星，而“因为伊西斯有了孩子，所以她变大了”这句话则暗示着伊西斯的“双重身份”，就像天狼星是双星一样。不仅如此，孩子降生后，荷鲁斯没有离开赛普特，而是成了赛普特的居民。

天狼星是一颗与众不同的星星，它在北半球冬季的夜里格外明亮。埃及人能知道这么多有关天狼星的知识，相信是花费了大量的时间去观测的。只要人类愿意花时间去探索，相信一切谜团都能迎刃而解。

金字塔数学之谜

从外形上看，大金字塔的比例堪称完美，而这种“完美”可不是偶然的，是经过精密计算的。因为经科学家们研究后发现，不论是金字塔外还是塔内，都暗藏深奥的数学与几何知识。当时的埃及人是早已知道这些知识了，还是一切只是巧合呢？

约翰·泰勒是位英国人，在天文学和数学上极具天赋。一次对大金字塔的不经意研究让他有了惊人的发现，那就是大金字塔内包含了许多数学上的原理。比如，大金字塔的底角不是60°而是51°，以此得出“金字塔每个侧面的面积正好等于其高度的平方”这个结论；金字塔塔高和塔基的周长比等于地球半径与其周长的比，再用塔高除以底边的2倍，即可得到圆周率。

泰勒认为，大金字塔展现的数学知识绝对不是巧合，古埃及人应该早就掌握了这些。这个观点也得到了英国数学家查尔斯皮奇·史密斯教授的支持。

1864年，史密斯教授亲自去埃及考察胡夫金字塔，并宣布发现了更多的奥秘。比如，用金字塔的塔高乘以10的9次方，得到的数字恰好是地球与太阳之间的距离；将塔基的周长按照某种单位计算，得到的数据恰好是一年的天数等等。基于这些发现，英国皇家学会授予了他一枚金质奖章。之后，一位名叫费伦德齐·彼特里的英国人带着他父亲精心研究了20年的测量仪器对大金字塔进行了测绘，结果是：大金字塔绝对是世界上最精确且拥有完美比例的建筑物，因为它在线条、角度等方面几乎没有误差。

近年来，人们在大金字塔上发现了越来越多数学知识。比如：大金字塔的底面为正方形，将其纵平分线延伸至无穷，则为地球的子午线；穿过大金字塔的子午线，地球上的陆地和海洋恰好被分割成两半；塔的重心正好坐落于各个大陆引力的中心；如果把金字塔底面的对角线延长，恰好能将尼罗河口的三角洲包围在内，再延伸底面的纵平分线，正好能把尼罗口三角洲平分；在重量上，如果将大金字塔的重量乘上 7×10^{15}，那么恰好是地球的重量；给大金字塔的高度开平方，得到的数据约为 21520 米，而侧面积约为 21481 平方米，如此看来，两个数字几乎相等；再从大金字塔的位置来看，它的四个侧面分别朝向正东、正南、正西、正北，每个方向角度的误差不超过 0.5 度。

古希腊历史学家希罗德曾记述：古埃及人在建造大金字塔时，会使金字塔的每个面的面积都等于金字塔高度的平方。此外，通过大金字塔的数据，人们还能了解到深奥的数学知识和高深的天文学知识。比如，古埃及人在很早以前就懂得用水面定位的方法，这种方法可以获得精确的地平面；测量子午线时，他们会选定一颗或者几颗恒星，借助简单的器械仔细观测后，记录下恒星在地面线上出现的位置，然后平分从观察点到恒星出没点形成的角，这样子午线就出来了。

这些数字是建造者故意设计的，还是一种巧合呢？可是，若说是巧合，那么这些巧合会不会太多了呢？

当然，有很多科学家并不认同埃及人拥有深奥的数学知识。因为除了大金字塔以外，其他的建筑并没有体现出高水平的数学知识。此外，他们还指出，大金字塔体现出来的数字关系也并不是那么神秘，除了一些是巧合外，有些根本不符合事实真相。比如，以 51 度左右倾斜面建造的四方角锥，用其高去除其底边的两倍，即 2s/h，得到的值都接近 π。

大金字塔是古埃及人的数学结晶吗？它身上的那些数字究竟是巧合，还是经过精心计算的呢？又或者这些金字塔根本就不是地球人设计出来的？总之，有许多谜团还等人们去解答。

“金字塔能”之谜

将一枚锈迹斑斑的铁钉放在金字塔内，不久它将变得崭新；将一杯新鲜的牛奶放入金字塔，一天之后，它依旧美味可口；如果你感到头疼牙痛，就去金字塔里待一会儿吧，等出来时，所有病痛都会离奇消失……

看到这儿，你或许会觉得难以置信，金字塔只是一座造型独特的建筑，它有这么神奇吗？事实确实如此。科学家研究表明，金字塔状的建筑内藏着一种奇异的“能”，它被称为“金字塔能”。在过去的几十年里，人们发表了上百篇关于它的论文，更有成千上万的科学家对它进行了实验与探讨。那么，“金字塔能”是怎么被发现的？它又有哪些神奇的功效和用途呢？

1930 年，法国超自然科学家安东尼·博维前往埃及探索吉萨金字塔群，当进入法老墓室时，他不经意地发现一个破破烂烂的罐子里装着老鼠和猫的尸体。起初，他以为是这些小动物在金字塔内迷了路，然后饿死了。但细心观察后，他发现事情没有他想象的那么简单，因为墓室内十分潮湿，照理说，这些动物尸体应该腐烂才对。但现实中，这些动物尸体脱干了水分，变成了木乃伊。

安东尼·博维立即得出这样一个结论：金字塔具有让物质脱水的能力。

回到法国后，博维立即用硬纸板做了一个缩小版的金字塔模型，并将模型的四个角对准东南西北四个方向。他将猫的尸体放在距离金字塔底部 1/3 的位置，过了几天后，猫的尸体真的变成了木乃伊。接着，他又将肉片、鸡蛋等食物放入塔内，几天后，这些食物不仅没有腐烂，反而一如既往地新鲜。于是，他发表了有关“金字塔暗藏神力”的论文。

这篇论文引起了放射学专家卡尔·德鲍尔的注意，为了验证论文的真假，他亲自做了次实验。他用马粪纸按照大金字塔的比例做了几个 30 厘米高的模型，以动物尸体和食物作为实验对象，得到的结果是，动物尸体和食物果然没有腐烂。德鲍尔满怀诧异，同时也好奇金字塔模型内究竟藏着什么能量。

有一次，德鲍尔将一把刮胡刀刀片放在金字塔模型内，他本以为刀片会变钝，可结果恰恰相反，刀片变得异常锋利，他还用这把刀片足足刮了 50 次胡子。于是，他开始研究金字塔模型对刀片的影响。他做了一个 15 厘米高的金字塔模型，并将刀片对准南北方向，放置于塔底 1/3 的位置。几次试验后，刀片都变得锋利无比。他得出这样一个结论：通常情况下，一把刀片在使用 25—30 次后就会变钝，但每次使用完后放入金字塔模型内，这种钝化现象将会消失，可以无限期地使用下去。当然，这种能量并不是万能的，它只能让刀片变锋利，却不能使破损的刀片恢复如初。

后来，他根据“金字塔能”发明了“法老磨刀片器”。1949 年，他带着自己的发明，正式向捷克首都布拉格有关部门申请注册发明权。一般来说，普通的专利发明权在捷克只需三年就能得到批准，可是德鲍尔的这项发明折腾了整整十年才被批下来。原因是，当时的委员会主席认为德鲍尔的发明是具有欺骗性的魔术，直到他亲自试验后，才相信这项发明确实是有效的。

之后，德鲍尔与他人合著了一本名为《在铁幕背后的惊人发现》一书，书中汇集了这些年来他研究“金字塔能”的全部论文。这本书被多个国家翻译，并掀起了一股研究“金字塔能”的热潮。人们开始用各种材料制作金字塔模型，并对这些模型进行深入的研究。一些商家看到商机，专门出售各种各样的金字塔模型供人们实验。有关“金字塔能”的著作、论文数不胜数，比较出名的有《大金字塔的秘密》《金字塔能》《神秘的金字塔能》《金字塔的心理动力》等，这些书大多介绍了用金字塔及其他形状的模型进行的各种实验和各方面的“科研成果”。

这些成果多得让人眼花缭乱，并被运用到各个领域当中。比如：在食品上，法国和意大利利用金字塔模型的保鲜性，将一些乳制品、食物的包装制成金字塔的形状，以此来延长食品的存放时间；在农业上，人们发现金字塔模型能使植物快速发芽，也能使断了根的植物继续生长，所以特地将温室建成金字塔的形状，以此来促进植物生长和提高农作物产量。

另外，人们还研究出了“金字塔水”。这种水吸取了“金字塔能”，有着许多神奇功效。比如用“金字塔水”泡的茶和煮出的咖啡更香醇；用“金字塔水”烧出的菜肴和熬出的汤也更美味；每天喝一杯“金字塔水”，不仅能精神百倍，还能健胃助消化；“金字塔水”对皮肤病、关节炎等病症也有一定的疗效等等。不过，金字塔模型最神奇的地方当属对人体的影响了。比如，当你感到疲劳时，你可以在办公室的椅子下放一个金字塔模型，这样就能保持旺盛的精力；当你晚上失眠时，可以在床下放一个金字塔模型，这样你就会一夜好眠……

说了这么多有关“金字塔能”的神奇之处，你是不是对它更好奇了呢？是不是会有一连串的疑问：金字塔能是怎么产生的？其他形状的建筑物也能产生这种“能”吗？

人们对“金字塔能”研究多年，得出的说法各不相同。有人认为，金字塔形状的建筑是一个电容器，可以聚集无形的能源；也有人认为，金字塔的内部能聚集宇宙射线、地球磁场和各种射线；还有人认为，金字塔内部能产生一种高频率的震荡，这种震荡波能使人体的细胞和肌肉处在最佳状态；更有人认为，“金字塔能”是宇宙力量和地球引力结合下的产物。但至今人们都没有得出确切的结论。不过，并非只有金字塔形状的建筑才能产生“金字塔能”，其他形状的建筑物内部也能生产这种“能”，只是强弱不同而已。

法国工程师杜拜尔写了一本名为《形状波》的书，书中指出：不论什么形状的建筑物都能通过宇宙射线或太阳光改变其内部的宇宙波，只不过金字塔形的内部空间产生的特殊能场比圆形、正方形、长方形等产生的能场都要强。此外，他还研究建筑物形状对人体的影响。他指出，人的一生都是在不同的建筑物中度过的，所以在设计房屋的时候应该选择对人体有益的形状，比如球形和金字塔形，这两种形状的建筑物对人体最有益处。

也有一些研究者认为，正方形和长方形的建筑物并不能产生积极的特殊能场，反而会带来消极的能场，这对人体很不利，而对人类身体最有益的是圆柱状结构的建筑物。

想要验证“金字塔能”是否存在，不妨亲自做一个金字塔模型试验一下。

在古墓中发现的“飞机模型”

众所周知，人类制造第一架飞机是在20世纪初。可奇怪的是，考古学家却在埃及一座距今4000多年的古墓中发现了一架“飞机模型”。难不成古埃及人和玛雅人一样，也会预见未来吗?

这架“飞机模型”是在1898年发现的，与现代飞机的外形极为相似。它由当时古埃及盛产的小无花果树木雕刻而成，重约31.5克。在飞机没有被制造出来之前，人们并不知道“飞机”这一词，所以便把这个模型称为“木鸟模型”。现在，木鸟模型被放置在埃及开罗古物博物馆中，编号为“6347”号。或许对当时的人来说，这架模型并没有特别的地方，以至于它被遗忘了许久。直到1969年，考古学家卡里尔·米沙博士才在博古馆的仓库中发现了它。当然，仓库内除了木鸟模型，还有许多架飞鸟模型。

飞鸟模型有一个共同的特点，那就是有鸟足，外形呈半人半鸟状。而木鸟模型除了头部像鸟外，其他部分与现在的单翼飞机差不多，也有一对翅膀，有一个平卧的机体，更奇妙的是，在模型的尾部还有一个垂直的尾翼。

这架木鸟模型怎么会如此与众不同?为了弄清楚其中的原因，米沙博士建议当时的埃及文化部成立一个小组专门来研究调查。

1917年12月，小组成员就位，他们由考古学家、航空史学家、空气理学家以及飞行员组成。通过深入研究后，这些组员发现，木鸟模型不仅具有现代飞机的外形，还具有飞机的性能。这架模型的“机身”长约 14.2 厘米，“机翼”是笔直的，跨度约 18.3 厘米，“机嘴”长约 3.3 厘米。模型的尾部就像鱼尾一样笔直，另外尾翼上还有一个类似于现代飞机尾部平衡器的东西。从性能上来说，模型尾翼的外形不仅符合空气动力的要求，而且具有上反角，这可以提升机身的上升力。模型内部的构建比例也十分精确，只要将其稍微推动，它就能飞行很长一段距离。

这个模型真的是照着飞机雕琢而成的吗？一些专家推测，这可能是工匠们为国王制作的玩具，但也有一些专家笃定，这就是一架飞机模型。后来，人们又在埃及陆陆续续找到了 14 架这类模型。更令人惊奇的是，人们还在南美洲发现了一些与古埃及木鸟模型相似的模型，这些模型是用黄金铸成的，外形上很像现代的 B-52 型轰炸机，而且也具有飞行的性能。

埃及的木鸟模型与南美洲发现的模型有什么联系？难道古埃及人曾经驾着飞机去过南美洲？如果早在 4000 多年前人类就发明了飞机，为何直到 20 世纪初才制造出来？此外，1897 年时，英国的考古学家韦斯曾在埃及东北部沙漠的阿比杜斯神庙遗址中发现了一幅神奇的浮雕壁画，壁画里的图案居然与现代的飞机极为相似，另外还有一些图案类似于现代的潜水艇、直升飞机、飞船甚至是 UFO。

这些模型和壁画中的东西是古埃及人预见未来后制作和描绘出来的，还是曾经有外星文明降临过古埃及，科学家们对于这个谜团至今毫无头绪。

第七章

法老的国度

“法老”是古埃及国王专有的称呼，他们为了巩固自己的权力，会宣称自己是神灵的化身。而在古埃及人的传统观念里，法老是神在人间的代理人，具有与神交流的能力。古埃及经历了 31 个王朝，其间诞生了无数位法老，有的默默无闻，有的赫赫有名，有的是女性法老，有的身带玄幻色彩……

一统埃及的法老——美尼斯

古埃及是个历史悠久的国度，在埃及的法老谱中，美尼斯绝对是站在顶端的人物。

美尼斯，别名“米那”、“那尔迈”、“那尔美尔”，出生于埃及提尼斯，他一生最伟大的事迹是统一了整个埃及，开创了古埃及第一王朝。下面我们就来说说这位英勇善战的法老王的一生。

一万多年前，尼罗河两岸来了一批从非洲北部迁居而来的新居民。在这片土地上，他们辛勤劳作，不断提高耕作技术，将尼罗河谷地变成当时著名的粮仓。公元前3500年，埃及进入了阶级社会。这个社会由十几个部落组成，各个部落都有名称、都城、政权、军队，也算得上是一个个独立的小王国。

因为信仰不同，部落之间经常兵戎相见。在长期的兼并战争中，尼罗河流域诞生了两个独立的大王国——上埃及和下埃及。

南方的河谷地带为上埃及，他们崇尚白色，国王头戴白冠，国库称为“白屋”，保护神是鹰神荷鲁斯，国徽是朵白色的百合花。北方的三角洲地带为下埃及，他们崇尚红色，国王头戴红冠，国库称为“红屋”，保护神是眼镜蛇神，国徽是一只蜜蜂。多少个世纪以来，上、下埃及一直都是分裂的。美尼斯作为上埃及的国王，为了巩固自己的统治地位，亲自领兵攻打下埃及，终于在公元前3100年左右统一了整个埃及。

战争结束后，下埃及人民怨声载道。美尼斯考虑到自己根基不稳，为了安抚下埃及人民的情绪和赢得他们的拥戴，他采取了一系列的措施。比如，他继续沿用当时下埃及国王在位时的一些措施，不将自己标榜为整个古埃及的最高权力者。只有在上埃及时，他才宣布自己是上、下埃及的国王；而在下埃及时，他只谦逊地佩戴代表着下埃及国王的王冠，以此表达出对下埃及人民的尊重。他还允许下埃及人民信奉自己的保护神，可以有自己的宗教感情。这一点在当时难能可贵，所以他很快获得了下埃及人民的尊重和拥戴。在经济上，他在上、下埃及实行独立的财政管理，并建立了两个国库。为了进一步加强对下埃及的统治，美尼斯在河谷和三角洲的交界处建立了一座首都城市——白城，希腊人称之为“孟斐斯城”，它还有“吉加普特”之称，意思为“普塔神之宫”。现今，孟斐斯城的遗址在开罗附近。当初为了防止城市在尼罗河泛滥时被淹没，美尼斯还修建了一条堤坝。

由美尼斯开创的第一王朝经历了250多年，其间共有八位国王。到第五任国王时，埃及进入了专制统治时期，社会发展达到全盛阶段。这个时期，国王权力至上，不仅将王国的土地视为私人财产，还将人民视为自己的奴隶。为了彰显王权，国王自称为太阳的儿子，是神灵的化身。后来，国王渐渐被称为“法老”，这和中国古代称呼皇帝为“陛下”一样。

在古埃及历史上，美尼斯无疑是贡献最大的法老王，但是这位法老王身上却有着许多争议。争议的开端来源于1898年在耶拉孔波利斯发现的一块那尔迈调色板。

在调色板上，那尔迈佩戴着代表上、下埃及的徽章，人们由此推断他于公元前31世纪统一了上、下埃及。争议是：有学者认为美尼斯和那尔迈是同一个人，也有学者认为美尼斯和那尔迈不是同一个人。

前者的观点基于出土的文物，他们在数个陶器中发现了那尔迈的数个别名，其中一个象形文字符号 Mn 代表着美尼斯。后者认为美尼斯其实是埃及第一王朝第二法老荷尔·阿哈，他是从那尔迈那里继承了统一后的埃及。或者说，那尔迈开始了统一埃及的进程，但是他没有获得成功，最终是由美尼斯完成统一的。当然，还有人认为那尔迈是蝎子王的直接继承人，他所使用的代表着上、下埃及统一的符号标志也是从上一代法老王手中继承的。

不管美尼斯是否是那尔迈，不可否认的是，他们确实完成了埃及的统一，这不仅使埃及人民结束了战争的生活，而且加强了上、下埃及的文化与经济间的交流。

大金字塔的主人——胡夫

在吉萨金字塔群中，最大的金字塔为胡夫金字塔，那么这座金字塔的主人有何辉煌事迹呢?

胡夫，别名“胡尼胡夫”、“奇阿普斯”。在埃及，“胡夫”有着“赫努姆神保佑我”的意思。他是古埃及第四王朝的第二位法老，父亲是法老斯尼夫鲁，母亲是第三王朝最后一位法老的女儿。胡夫有9个儿子，其中雷吉德夫是他的继承人；他还有15个女儿，最为著名的是海特裴莉斯二世王后。

胡夫在20多岁时继承了王位，是世界上最早的独裁者之一。人们对他在位的时间有多种说法，根据都灵王表的记载，他在位23年；曼涅托认为他统治了埃及63年；古希腊历史学家希罗多德则认为他在位50年。现在考古学家也有两种说法，一种认为他至少在位17年。证据是：人们在大金字塔的减重室内发现了一段记载，其中提到胡夫在位期间曾17次统计牲畜的年份。不过，这个发现一开始被忽视了，直到2001年才重新引起人们的注意。另外一种说法是至少在位13年，因为人们在撒哈拉沙漠的达赫拉绿洲发现了一块石碑，上面记载了胡夫统治期间曾13次统计牲畜的年份。

那么，胡夫是位什么样的法老呢?希腊的历史学家普遍认为他是位暴君，在中王国甚至更晚时期的韦斯特卡莎草纸上，其儿子哈夫拉和雷吉德夫也讲述了他残暴不仁的故事。故事里记载，胡夫是个专权统治者，希望自己能永生永世统治埃及，但这始终是个妄想。至于故事的真实性，人们不能确定，不过胡夫的恶名还是从那刻起流传下去的。而在埃及，他则被认为是一位明君。至于他的性格和治理国家的方式究竟是怎么样的，人们已经无从查证。不过可以确定的是，胡夫强大了埃及，他绝对是埃及历史上最伟大的法老王之一。

胡夫在位期间扩大了埃及的版图，远征努比亚和西京半岛；加强了王权统治，将自己刻画成神的化身。在埃及的功绩碑中，人民称呼他为“伟大的神”。可以说，胡夫统治埃及时绝对是盛世时代，不过很可惜，关于他的事迹流传下来的并不多，但最为人知晓的是他修建大金字塔的事迹。

古希腊历史学家希罗多德在游历埃及时，将关于大金字塔的传说一一记录下来。他指出，胡夫在位期间征集了上百万埃及奴隶为他修建金字塔，这些劳工每 10 万人一批，每批工作三个月，就这样用了 30 多年的时间才建成了大金字塔，其中修筑运输石块的道路就耗费了整整 10 年。考古学家也在金字塔附近发现了劳工们集体宿舍的遗迹，并在劳工的墓葬中发现了大量的建造与测量工具。不过经考察，这些劳工只有一部分是奴隶，绝大多数是贫穷的农民和工匠，而且他们享受到了良好的饮食和医疗服务。

胡夫死后，他的儿子雷吉德夫继承了王位，之后又被他另外一个儿子哈夫拉继承了。而他建造的金字塔无疑是世界建筑史上的奇迹，是古埃及遗留下来最珍贵的瑰宝。不过很可惜，人们并没有在大金字塔中找到胡夫的木乃伊，但胡夫的模样我们可以在开罗的博物馆中看到。

在开罗博物二层的中央大厅内，一个大玻璃柜上摆着一个只有指头高的象牙雕像。在这些琳琅满目的文物中，这件文物绝对不起眼。而我要告诉你的是，这个象牙雕像上雕琢的人物像正是赫赫有名的胡夫法老。

这枚象牙雕像是在艾比杜斯发现的，由于年代太过久远，它已经褪去了原本的象牙白色，变成现在的深褐色。雕像雕刻了法老胡夫正襟危坐的姿态，他将右手放在了胸前，左手放在膝盖上，名字刻在他的脚边。他的个子并不高，肩膀有些宽，身体十分强壮。对于这枚象牙雕的真实性，人们各持己见，有人认为它确实是胡夫时代的真品，有人则认为是后人制作的。

胡夫死了有上千年，许多神话中都曾提到他的名字。现如今在埃及，当地人将他的名字刻在圣甲虫石雕上作为护身符。由此可见，胡夫是埃及历史上一位影响深远的国王。

传奇女法老——哈特谢普苏特

在中国历史上，武则天是一位雷厉风行的女皇帝。而在埃及历史上，也有一位传奇的女法老——哈特谢普苏特。

哈特谢普苏特，别名“哈雪苏”、“哈采普苏特”、“赫雀瑟”。在埃及，她的名字有“最受尊敬”的意思。她是古埃及第十八王朝的女法老，在成为法老之前，她的身份既多元又显赫。比如，她是图特摩斯一世和王后阿莫斯唯一的嫡女，是图特摩斯二世的妻子，是图特摩斯三世的继母等等。在面对埃及人民时，她喜欢女扮男装，两颊戴着假胡须，身上穿着男法老的衣服，威严无比地拿着权杖。

在现存的资料中，人们无法查到她的真实相貌如何，或许她的相貌与她的传奇故事一样神秘。

哈特谢普苏特从小就十分聪颖，她性格坚韧，深谙权术。作为法老唯一的正统继承人，她不仅以此为荣，更渴望有朝一日能统治埃及。这个梦想并不是虚无的，在将来的某一天，它真的成了现实。

公元前 1512 年，图特摩斯一世去世，长子图特摩斯二世继承了王位，并与哈特谢普苏特结为夫妻。根据历史记载，图特摩斯二世从小体弱多病，继位后无心治国，没过多久，权力就落在了哈特谢普苏特的手中。二世在几年后病死，哈特谢普苏特深知自己根基不稳，便安排二世与一个妃子所生的男孩与自己的女儿结婚，并将王位传给了男孩，这个男孩就是图特摩斯三世。自此，哈特谢普苏特挟天子而令诸侯，以摄政王的身份掌管埃及上下。掌权期间，她停止对外征战，这导致埃及在叙利亚和巴勒斯坦的统治地位有所动摇。尽管如此，她还是一意孤行。之后，她开始和邻国展开贸易往来，并制定了一系列措施，使得埃及变得繁荣富强。可能是因为国库充盈，哈特谢普苏特开始大规模修建神庙，其中最著名的为底比斯停灵庙。

渐渐地，小男孩图特摩斯三世长大了，他满怀雄心，不愿意再当傀儡。哈特谢普苏特发现他的野心后，在他亲政之前将他发配到偏远地区。至此，哈特谢普苏特没有了一切阻碍，她认为自己可以打破惯例，成为埃及史上第一位女法老。只是，她该怎么破除女人无法当法老王的旧传统呢？这个问题并没有难倒她，她联合僧侣编造出一个传奇身世。她宣称自己是太阳神的女儿，太阳神为了让自己的后代统治埃及，便化身为图特摩斯一世，与王后生下一个女儿。太阳神之女历经磨难，如今她有能力成为统治埃及的女法老。此外，她还把纯金打造的盘子放在神庙的石碑顶上，并以太阳光照射在盘子上反射出的耀眼光芒向埃及人民证明她与太阳神的亲密关系。

最终，哈特谢普苏特如愿以偿地当上了女法老。之后，她开始女扮男装，精心治国，使埃及变得更加兴盛。为了奖赏帮助自己的僧侣，她修建了大量的庙宇、古建筑。在她统治埃及的第 22 年，一个大变故出现了，图特摩斯三世回来了，并突然登上了王位。此后，哈特谢普苏特不仅失去了权力，而且不知去向，没有人知道她是死是活。

哈特谢普苏特是如何失去权力的？埃及的历史学家们查阅资料后居然没有得到答案，更没弄清楚她的死因。但当地流传着这样一种说法：图特摩斯三世是在哈特谢普苏特刚去世后，才带着军队重回埃及的。也有资料记载，图特摩斯三世执政后，销毁了不少记载着哈特谢普苏特事迹的纪念碑。

几千年后，考古学家在尼罗河流域发现了许多皇家木乃伊，只不过其中没有一具是属于哈特谢普苏特的。那么这位女法老王的木乃伊在何处？恐怕至今还是个谜。

古代的拿破仑——图特摩斯三世

众所周知，拿破仑曾遭遇过滑铁卢战败，但素有“古埃及拿破仑”之称的图特摩斯三世法老一生中从未有过败绩。

图特摩斯三世是古埃及第十八王朝的法老王，在埃及31个王朝中，数他统治的王朝延续时间最长，版图最大，将埃及从一个地域性的王国转变成一个洲际大帝国。所以，作为鼎盛王朝的开创者，图特摩斯三世绝对是古埃及历史上最伟大的法老之一。

那么，这位法老王是如何开展他的雄图伟业并书写他彪悍的一生的呢？

在中王国转变为新王国的第二中间期，喜克索斯人入侵了埃及，使埃及陷入四分五裂之中。第十八王朝的创建者雅赫摩斯亲自率兵与敌人作战。最终，战争取得了胜利，埃及不仅重新统一，还对外扩大了规模。此后，法老王阿蒙霍特普一世、图特摩斯一世继续扩大埃及版图，先后攻打了尼罗河第三瀑布、叙利亚北部已及幼发拉底河上游，至此埃及成为一块巨型蛋糕。

到了图特摩斯二世时，可能这位法老体弱多病，无心治国，所以并没有留下什么业绩。二世死后，王位传给了幼小的图特摩斯三世，但权力却被二世的妻子哈特谢普苏特窃取了，这个女人不但掌控朝政22年，还头戴皇冠，自封为女法老。作为傀儡的图特摩斯三世自小生活在对哈特谢普苏特的畏惧阴影中，最后还娶了她的女儿。

之前我们已经说过，哈特谢普苏特不支持征战，所以她对外没有建树，内政倒是管理得不错。直到1482年，女法老突然死亡，时年32岁的图特摩斯三世才得以亲政。或许是对哈特谢普苏特太憎恨了，他继位后，便对哈特谢普苏特展开了一系列的报复行动，不仅大肆破坏有关她的纪念性建筑，还销毁了记载了她事迹的文献。

掌控权力的快感并没有让图特摩斯三世丧失理智，他很快意识到，当前国内局势很不稳定，且叙利亚南部的卡叠什王国还对埃及虎视眈眈。这样严峻的局势促成了他执政后的第一战，他带兵进军叙利亚和巴基斯坦，以出色的军事才能战胜了卡叠什王国。第一次胜利激发了图特摩斯三世的野心，此后的20年里，他不断对外扩张，最终攻下了叙利亚。当时的西亚大国米坦尼意识到危机，但也清楚自己国家的势力与埃及相比简直就是鸡蛋碰石头。毫无意外，埃及取得了决定性胜利，米坦尼战败，愿意成为埃及的同盟国。之后，西亚地区的亚述和巴比伦王国都向埃及示好。巴比伦国王为了讨好图特摩斯三世，还送去一位和亲公主。

图特摩斯三世的威名越传越广，无数小国向他俯首称臣。或许是图特摩斯三世的体内流淌着好战的血液，他不再满足于陆地上的统治，逐渐将目光瞄向了海上帝国。他打造了一支所向披靡的舰队，将东地中海的爱琴海诸岛、克里特岛、塞浦路斯岛尽数收入囊中。之后，他又向埃及以南、以北扩张，将埃及版图扩张到尼罗河第四瀑布。

在巩固统治上，图特摩斯三世采取了一系列措施：派兵驻扎战败地，并安排驻地总督去治理，未免引起当地权贵的动乱，还让当地土著王公参与统治；将战败国的王子们带回埃及做人质，同时培养人质与埃及的情感等等。

到了晚年，图特摩斯三世已经无心征战，而痴迷于享受荣华富贵，将权力交给儿子阿蒙霍特普二世。三世死后，后面的三位继承者都没有继续对外扩张，而是巩固先祖征服下来的地盘。

图特摩斯三世的尸体被埋葬在帝王谷中，如今其木乃伊被开罗的博物馆收藏。对于这位法老王，很多人都钟爱他，因为他不仅是一个伟大的统治者，而且具有高尚的品质。他一生中从未有过败绩；在行政管理上，他超越了祖辈；他也是个运动能手，骑马、射箭样样精通……

总而言之，图特摩斯三世无疑是一位诚挚、公正的法老王。

阿吞神的崇拜者——阿蒙霍特普四世

说到阿蒙霍特普四世法老，绝大多数人都是陌生的。不过，这位法老还有另外一个显赫的身份，那就是少年法老王图坦卡蒙的父亲。

阿蒙霍特普四世是古埃及第十八王朝的法老，后期改名为“埃赫那顿”，也译作“阿肯那顿”、“阿肯纳顿”或“埃赫那吞”。他的父亲是阿蒙霍特普三世，母亲是三世的王后提伊。埃赫那顿执政17年间，最轰动的当属宗教改革。他不仅强力推行对太阳神阿吞的崇拜，自己也对阿吞神痴迷到如痴如醉的地步。只是，这位法老为何要进行宗教改革？他又采取了哪些措施呢？

埃赫那顿是一个博学多才的法老，性子倔强，容易认死理。在他还是王子时，就看不惯阿蒙神庙内僧侣们相互抱团、嚣张跋扈的作风，所以他决心继承王位后必定要削弱僧侣们的势力。继位后，他采取了一些措施，不仅启用了一批新的大臣，也更换了当时的宰相，还注重从基层选拔资历较浅的新官吏。这些人无一例外地成了他的心腹，其中数麻伊最深得他的心。

麻伊出生于小奴隶主家庭，起初是王室的下级书吏，后被提拔为宫廷朝仪的长官。平日里，麻伊做事小心谨慎，但又极会察言观色，所以当他得知埃赫那顿崇尚阿吞神时，不仅全力支持，还费尽心思地写了一首极为肉麻的歌颂阿吞神的诗歌。埃赫那顿读后心中大悦，立马提升了麻伊的官职。

埃赫那顿执政期间也没有闲着，他下令阿吞神取代阿蒙神，并让埃及人民一律供奉新神。他的名字也是在这期间改的，有“阿吞的光辉”的意思，他还自称为阿吞神的儿子。

在埃及，虽然全国只有一个主神，但各地的地方神却五花八门。有的崇拜对象甚至让人难以理解，比如一副弓箭、一件雕刻品、一块石头等等，这些都有可能是圣物，而土地、风、雨、雷、电等，更是受到人们的疯狂膜拜。不过，大家都很有默契，彼此都不干涉崇拜与信仰。不过，这一切却被埃赫那顿打破了，他一边想方设法清除阿蒙神庙内僧侣们的势力，一边还要扫灭这些复杂的神灵系统。

这种做法让阿蒙神和地方神的崇拜者们疑惑不已：“这究竟是怎么回事？为什么不让拜阿蒙神和地方神了？”甚至有人觉得埃及要发生大动乱了。于是，许多城里人带着财产迁到乡间避难，僧侣们则急得像热锅上的蚂蚁。

为了改变埃赫那顿的决策，一些王族成员和高级僧侣请已经退位的阿蒙霍特普三世法老和王后来说情。老法老夫妇心里清楚自己儿子是不会听他们的，可是又担心国家出现混乱，所以不得不硬着头皮找来儿子。老法老对埃赫那顿说：“我的孩子啊，为人处世不能走极端。我们的国家和子民在阿蒙神的庇佑下，一直都和平祥和。你一下子改变国人的信仰，不仅会得罪阿蒙神，还会触怒许多人。不如趁事情还有回旋的余地，你就收回崇拜阿吞神的命令吧。”

埃赫那顿听后很不悦，说道：“父亲，最近我听了许多谣言，一些心怀不轨的人都在背后诅咒我、辱骂我，不过我已经命令军队严加防范了。你们过来劝说我，想必是害怕我把事情弄糟。你们说的道理我都懂，但是阿蒙神庙内僧侣们的势力太大，影响力也太广，若再不管理，他们会威胁到君王的统治。所以，只有崇拜阿吞神，废除阿蒙神和削弱僧侣们的势力，国家才能稳定。”

老法老想了一会儿：“我很高兴你有自己的想法。不过，你可曾想过，阿蒙神庙内的僧侣为王族服务多年，而阿蒙神也被百姓崇拜多年。你这么着急改变众人的信仰，恐怕会适得其反、弄巧成拙啊。我和你母亲都希望你三思而后行。”

埃赫那顿一脸坚定：“父亲，我知道阿蒙神在百姓心中的地位有多深，也知道那些僧侣的关系网有多复杂，但我已经下定决心这么做了。我也想好了对策，打算将首都迁到中部，这样既可以避免阿蒙神庙内僧侣们的纠缠，又能便于管理整个埃及。至于百姓们的不理解，那只是时间问题，他们迟早会适应新的神灵的。”

老法老听后，急得连忙摇头：“孩子，千万不要草率决定，迁都可是件大事。即使你决定那么做，我和你母亲也不会离开这里。哎，我们已经老了，你也长大成人了，我们的话你可以不听，但你得知道，我们这么说是为你好。”

埃赫那顿点了点头：“父亲，母亲，你们的话我会考虑的。”

回到王宫后，埃赫那顿一脸不悦，他的王后涅菲尔提很担心，得知事情始末后，她对埃赫那顿说：“不如先将事情缓一缓吧。”

埃赫那顿说：“我知道那些僧侣会反对我，但我没想到他们会反对得如此决绝。如果真的收回了命令，那些人倒是满意了，可我的面子往哪儿搁？况且，那些僧侣未必会善罢甘休，他们一定会找机会削弱我的权力。哼，身为一国之君，说到就要做到！既然已经得罪了那些僧侣，不如把他们得罪到底。另外，我有阿吞神庙僧侣的支持，还有军队和得力属下，那些阿蒙神庙内的僧侣们掀不起什么大浪。”

涅菲尔提见埃赫那顿心意已决，便没再劝说。

埃赫那顿在第二天就展开了行动，对朝中官员下令：“我听到了阿吞神的召唤，从即日起，不仅要关闭阿吞神以外的神庙，还要让那些僧侣还俗。另外，城中有关阿蒙神的建筑和纪念碑都要销毁，每个城市至少建一座阿吞神庙。各地的官员要带头崇拜阿吞神，要效忠伟大英明的阿吞。”接着，他又宣布了一些措施，禁止僧侣干涉朝政；将其他神庙的土地划分给阿吞神庙使用；将首都迁到底比斯以北约300公里的希尔摩城，而新都城名叫“埃赫塔吞”，意为“阿吞的地界”。

命令颁布后，军队开始捣毁阿蒙神庙，并强行将庙内的僧侣们赶走，不愿意走的则被拖走。许多阿蒙神庙的僧侣们伤心不已，心里无比痛恨埃赫那顿。与阿蒙神庙的僧侣相比，阿吞神庙的僧侣们则无比惬意，他们不仅接收了大片土地，还得到许多奴隶与财产。至于新都埃赫塔吞城，则由几十万劳工花费数年才建成，城中有雄伟的王宫、富丽堂皇的官员住宅、气势磅礴的阿吞神庙等等。

阿吞神庙的祭司选了一个迁都的好日子。那一天，埃赫那顿带着家人、奴仆、官员和军队浩浩荡荡地迁入了新都。此后，埃赫那顿再也无心朝政，沉醉在荣华富贵中，将朝中政事丢给麻伊。时间久了，朝中统治松弛，官员散漫，埃赫那顿的脑袋也不如先前灵活了。

底比斯阿蒙神庙的僧侣们暗中养精蓄锐，偷偷举行崇拜阿蒙神的活动。起初，各地官员发现后严令制止，但时间久了，也就睁一只眼闭一只眼了。倒是平民百姓，辛苦的劳役与沉重的税收让他们怨声载道。一时间，新王国内危机四伏。只不过埃赫那顿没有察觉，他继续享受自己的生活，不是在宫中玩乐，就是带着妻子和孩子去阿吞神庙内祈福祷告。

一天，埃赫那顿和王后坐着马车去祭祀阿吞神，突然马车一顿，被一个年轻人拦了下来。仔细询问后才得知，原来年轻人有冤情要说。埃赫那顿示意年轻人来自己身边，年轻人递上状纸时忽然一跃，从纸中抽出一把利刃，目标直指埃赫那顿的胸口。好在埃赫那顿反应快，及时躲开了，倒是王后吓晕了过去。

刺客失去机会，被侍卫刺死了。

刺杀事件虽然失败，但阿蒙神庙的僧侣们夸大其词地宣扬：“法老遇刺不是偶然，是阿蒙神对他的警告。如果他继续忤逆阿蒙神，将会受到更严重的惩罚。”

一时间，全国各地人心惶惶，就连王后都劝说埃赫那顿不要再打压阿蒙神了。没想到，埃赫那顿听后大发雷霆，更将王后训斥了一顿。伤心至极的王后带着孩子回到了底比斯城，据说两人到死都没再见一面。

公元前 1326 年，埃赫那顿离世，9 岁的图坦卡蒙继承王位。这位法老死都没有想到，他实施的宗教改革最终被自己的儿子推翻。图坦卡蒙执政后，在各方压力下，不仅将首都迁回了底比斯，还恢复了对阿蒙神的崇拜。少年法老去世后，大臣麻伊继承王位，但他的王位没坐多久，就被另外一位执掌军队的大臣夺取。至于昔日显赫的埃赫塔吞城则成为一片废墟，更被后人称为“邪恶的地方”。

埃赫那顿的宗教改革一直是考古学家们研究的焦点，但他最受人争议的还是那“离奇”的长相。

这位法老长得很奇怪吗？根据文献描述，埃赫那顿长了一张马脸，神情犹如毒蛇一般，脑袋像一个巨型鸡蛋，后脑勺凸出了许多，看上去比正常人大一倍半。此外，他的手如蜘蛛爪，脚掌间长有蹼，胸部和臀部比女人还丰满。这样的长相确实怪异，似乎与科幻电影中的外星人没什么两样。所以有人怀疑，他就算不是外星人，也是外星人实验后的产物。

不过，真的有人长成这样吗？这些文献是不是他人对埃赫那顿的抹黑？1907 年，人们对他的遗骨进行了研究，发现他的身上确实有许多不同寻常之处，比如他长了一个大脑袋，后脑勺异常凸出。但可以肯定的是，遗骨属于埃赫那顿，也确实属于人类。那么，这位法老为何会长得这么古怪？很多学者猜测，可能是因为他患有某种疾病，比如马凡氏综合症，这种疾病能导致四肢和脸型无限伸长，手指长得像蜘蛛爪一般，而克兰费尔特氏综合症也会使人的身体走形。至于真正的原因，如今还是一个不解之谜。

少年法老王——图坦卡蒙

20 世纪 70 年代，美国和日本看中了埃及文化带来的经济效益，于是举办了一场“图坦卡蒙随葬品环球展”。这场展览空前成功，不仅吸引了无数游客，还掀起了一股“埃及热”。至于图坦卡蒙，他无疑成了家喻户晓的“明星”，吸引着许多人千里迢迢前去参观他的陵墓。那么，图坦卡蒙有何魅力？他又是怎样一位法老呢？

1922 年，图坦卡蒙的陵墓被法国著名的考古学家霍华德·卡特发现，这次发现带领我们走进了这位年轻法老的传奇一生。

图坦卡蒙是古埃及第十八王朝的法老王。起初他名叫“图坦卡吞”，有“阿吞神”之意，后来改为“图坦卡蒙”，有“阿蒙神”之意，由此可见他信仰上的转变。这位少年法老 9 岁即位，19 岁就去世了。而他之所以能闻名世界，全在于他极尽奢华的墓葬和一个个不解之谜。

据计算，图坦卡蒙的陵墓距今有 3000 多年，当墓门打开时，所有的陪葬品都被相机一一记录。其中有一个木制头像，考古学家们推测，这是图坦卡蒙孩提时的玩具，象征着他从蓝莲花中诞生，是太阳神的化身。陵墓内发现了许多食物，有用大麦和小麦制成的面包、饼干，有用香料腌制过的牛肉、羊肉，还有各种各样的水果等等。从这些可以看出，少年法老似乎对吃的情有独钟。

根据埃及史记载，图坦卡蒙是一位天资聪颖的法老，很喜欢玩游戏。这一点也得到了证实，因为人们在他的陵墓内发现了数套棋子类游戏玩具。另外，墓中还有大量的书写工具，可见他是一位热爱学习的法老，不过很可惜，人们在现有的资料中并没有查阅到关于他学习经历的记载。

图坦卡蒙到了少年时期，开始专注于体育、服装和爱情。

尽管图坦卡蒙的身材并不壮硕，但他还是喜欢参与一些类似于现代体育项目的活动，比如钓鱼、游泳、狩猎、驾驶战车等等。这其中，他最喜欢的就是狩猎和驾驶战车，因为人们在他的陵墓中发现了 40 多把弓和 400 多支箭，其中最大的弓有 1.8 米，最小的约 0.3 米，而战车也有 6 辆，轻便且奢华。

在穿着打扮上，少年法老似乎格外讲究，这一点从墓中出土的大量衣服、鞋子、腰带、手套、项链、珠宝、木衣架上就能看出。值得一提的是，木衣架上刻有一个头像，据说就是图坦卡蒙自己，只不过头像只有一个头与身躯，并被涂成了白色，这或许就是在显示他穿着上的品味。更加让人惊奇的是，少年法老很喜欢化妆，因为人们在他的墓室内发现了一个鸭子形状的旋转式化妆盒，盒子里的眼影粉保存至今。

在爱情上，图坦卡蒙绝对是一个专一的男人，因为他一生只娶了一个妻子，就是他的王后安赫森那蒙。他墓室的陪葬品和壁画上雕刻了许多关于他与皇后的场景，比如他们结婚时的场景、王后关心他的画面等等。至于王后的身份，人们猜测她是埃赫那顿法老和奈菲尔提蒂的第三个女儿，比图坦卡蒙大四岁。王后嫁给少年法老后，帮助他治理埃及，此后两人生了两个孩子，但都夭折了，或许正是这些伤痛才让这对年轻夫妻恩爱有加。

图坦卡蒙的身上有许多谜团，其中最大的谜团便是他的身世之谜与死因之谜。

有关于图坦卡蒙的身世流传着这样一种说法：图坦卡蒙并非王族后人，

但他长得十分英俊，被阿肯那顿法老的女儿看中，招为驸马，埃赫那顿死时将王位传给了他。

这种说法并没有得到多少人的支持，反而不少学者给出了反对的证据。他们指出：古埃及人十分注重血脉，为了保证王室血统的纯正，大都选择近亲结婚。而这种婚配方式持续了两个半世纪。根据历史记载，图坦卡蒙是在9岁继位的，那他的王后当时只有13岁。说一个13岁的孩子相中夫婿，怎么都不合情理。由此可知，图坦卡蒙一定是皇室中人。另外，人们利用现代技术还原图坦卡蒙的面容后，发现这位少年法老确实长得英俊非凡。

那么，图坦卡蒙的身世究竟是怎样的呢？有这样两种猜测：

第一，图坦卡蒙与埃赫那顿法老有亲缘关系，他们俩是叔侄。由于老法老和王后没有儿子，只有6个女儿，所以便将其中一个女儿许给了图坦卡蒙。

第二，图坦卡蒙是埃赫那顿的亲生儿子。人们猜测，老法老为了王室血脉得以延续，便和别的女人生下了图坦卡蒙。甚至有人认为，这个女人不是别人，正是老法老的女儿之一，以至于图坦卡蒙迎娶的王后可能是他同父异母的亲姐妹或自己的亲阿姨。

事实究竟如何，恐怕没有人知道，因为那都过去3000多年了。不过，人们利用现代技术又给图坦卡蒙的身世增添了一种新的说法。

埃及考古学家扎西·哈瓦斯对图坦卡蒙的身世十分感兴趣。2008年，他利用DNA技术对图坦卡蒙和第十八王朝的其他王室成员进行了基因检测。通过对比Y染色体，辨别出了图坦卡蒙男性祖先群；再通过寻找特定男女的DNA混合迹象，从而确定这些木乃伊之间的亲缘关系。得到的结果是：阿蒙霍特普三世是图坦卡蒙的祖父。据记载，这位法老执政37年，在他的统治下，埃及不仅繁荣富裕，版图也扩大到幼发拉底河和尼罗河第四大瀑布。至于阿蒙霍普特四世，无疑是图坦卡蒙的亲生父亲。在这里，让人惊讶的是图坦卡蒙的生母，她居然是阿蒙霍特普三世的亲生女儿，也就是阿蒙普特四世的亲妹妹。照此看来，图坦卡蒙是这对亲兄妹所生。

说完了图坦卡蒙的身世之谜，我们再来说说他的死因。

考古学家曾经对图坦卡蒙的木乃伊进行X光检测，发现这位少年法老的头上有一处伤痕。不过，伤痕在他死前愈合了一部分。至于伤痕的由来，有人推测是意外受伤，也有人推测是暗杀所致。此外，他的头颅下方有一个黑点，这表示他的脑袋曾遭受过重击。

少年法老的身上怎么会有如此多的伤痕？他究竟是怎么死的？人们查阅了许多资料，但都没有得出确切的答案。不过，关于他的死因主要有三种说法：

第一种：谋杀说

这种说法认为，图坦卡蒙是被他的同胞阿伊杀害的，目的是为了争夺继承权。证据是，人们对图坦卡蒙的木乃伊进行医学检查，发现他的头骨有一处骨折。不过，进一步检测和查阅资料后，人们发现凶手并不是阿伊，而是一位曾经对图坦卡蒙不敬的神职人员，或是当时的宰相。

第二种：疾病说

这是最令人接受的一种说法。最新研究指出，图坦卡蒙木乃伊脑后的洞，其实是在制作木乃伊的过程中产生的，他真正的死因是疾病缠身。

这里的疾病主要有两种：首先是骨骼畸形及骨折。经过X光扫描发现，图坦卡蒙的脊柱严重弯曲，右脚脚趾骨不仅畸形，而且处在恶化状态，一条腿也骨折了。有文献记载：图坦卡蒙曾带兵出战，战争虽然胜利了，但是他的膝盖下方却被敌人的斧头砍了一下。在现代，这样的伤并不算什么，只需打一支预防破伤风的针，再缝合伤口即可。可是对几千年前的埃及人来说，这无疑是致命的伤。所以，年轻的法老死于伤口坏疽。

其次是疟疾。研究图坦卡蒙的木乃伊后，人们发现他身患脑型疟疾，这是所有疟疾中最严重、最恐怖的一种。这种疟疾的病期很长，随着疟原虫的增多，它们的攻击力越来越强，可以造成患者神志不清，甚至是抽搐、死亡。此外，人们还在图坦卡蒙的陵墓中发现许多治疗疟疾的药物。虽然不能笃定少年法老死于疟疾，但可以肯定的是，他在生前饱受疟疾的摧残。

第三种：车祸说

从图坦卡蒙陵墓中出土的战车中我们可以看出，年轻的法老酷爱驾驶战车，是名副其实的“飙车族”鼻祖。对此，埃及克里斯·农顿博士做了一个虚拟试验。他用电脑模拟出两辆载着人的埃及战车相撞时的画面，结果显示战车不仅碾压车上人的肋骨、盆骨，还压碎了人的心脏。再回头看图坦卡蒙那伤痕累累及没有心脏的身躯，似乎死于车祸也合情合理。

英雄法老——赫列姆赫布

纵观古埃及第十八王朝的历任法老，赫列姆赫布并不是最有名的，但他却是一位名副其实的英雄法老，因为他多次拯救埃及于水火之中。

赫列姆赫布又名“杰塞尔凯普鲁拉”，是十八王朝的末代法老王。在现存的资料中，我们已经无从查证他是何时步入政坛的，但可以确定的是，他是一位身世显赫的贵族，很受埃赫那顿法老的重视。

埃赫那顿在位期间，赫列姆赫布的官职稳步提升，直到当上埃及的最高军事掌管。他尽职尽责，埃及军队在他手中异常守纪，在埃赫那顿痴迷于宗教改革的时候，他不仅守卫埃及安全，还亲自领兵戍守边境。面对外敌时，他也从不心软，全力镇压。值得一提的是，赫列姆赫布并不是一个四肢健壮、头脑简单的武夫，而是个聪明谨慎的智者，因为他从不让自己的军队卷入政治和宗教改革的争执中。可以说，赫列姆赫布是一名合格的军人，而他在埃及人民心中的地位远远高于埃赫那顿。

埃赫那顿去世后，埃及国力衰弱，财力匮乏，年仅 9 岁的图坦卡蒙被推上王位。可能是年纪尚小，小法老无心于政治，这使埃及陷入了黑暗时期，成为任人觊觎的香饽饽。朝中有野心勃勃的大臣麻伊，朝外有静观其变的赫列姆赫布将军。就在权势之争白热化时，叙利亚出现了叛乱。赫列姆赫布以大局为重，率领军队镇压叛乱，恢复叙利亚秩序。可以说，没有赫列姆赫布就没有埃及。

十年后，图坦卡蒙去世，当时的王后为了能继续享受奢华的生活，做了一个荒唐的决定，就是恳求强大的赫梯王朝派一位王子过来继承王位。如果真是那样，埃及无疑会成为赫梯的附属国。赫列姆赫布绝不会让这种事发生，所以他率领士兵攻打赫梯人的护卫军，再一次守卫了埃及主权和领土的完整。

此时，麻伊继承了王位，赫列姆赫布只能继续尽忠职守地保卫自己的国家。麻伊死后，因为没有留下子嗣继承王位，埃及再次陷入危机。身为四朝元老又无怨无悔保护埃及多年的赫列姆赫布凭借与王族联姻和军队的支持轻松登上了王位，成为古埃及第十八王朝的末代法老，也是埃及史上最伟大的末代法老王。执政后，他不仅恢复了国家秩序，还肃清了一大批贪官污吏。考虑到他曾经的身份是保护国家的大将军，其与赫梯国王签订了结束边境纠纷的合约，给予了埃及人民和平安详的生活。之后，他恢复对阿蒙神的崇拜，重新修建那些被埃赫那顿捣毁的阿蒙神庙，还不准士兵和官员欺压人民百姓。

据考究，赫列姆赫布统治埃及 30 年，为国家做了许多好事，一切以人民的利益为主。他用实际行动向整个世界宣布，埃及有一个敢于反抗的统治者。他用智慧和武力收回了巴基斯坦的土地，使叙利亚、利比亚的领袖再次臣服于埃及。埃及终于恢复了往日的光辉。

赫列姆赫布的传奇一生不止于此，在选择继承人上，他并没有考虑传位给自己的儿子或亲戚，而是选择了最忠诚、最受他信任且做过将军与宰相的普拉美斯，也就是后来的法老王拉美西斯一世。

赫列姆赫布死后，延续了 250 多年的第十八王朝就此告终。这个朝代能够完美地落下帷幕，多亏了这位传奇而能干的英雄法老。

最杰出的建筑大师——拉美西斯二世

拉美西斯二世是埃及历史上最著名的法老之一，他的一生充满了传奇色彩。他可以是雷厉风行的国王，也可以是战无不胜的将军，亦可以是和蔼可亲的父亲，更可以是一位杰出的建筑家。下面我们就来说说这位被无数光环所笼罩的法老王。

据记载，拉美西斯二世是古埃及第十九王朝的法老，在位约 67 年。他在位期间，敌人畏惧他，子民爱戴他，神灵庇佑他，一切美誉都集于他一身。他有一个庞大的后宫，单是皇后就有 8 位，妃子更是不计其数。至于他的子女，有资料记载的有 100 多个，其中有 12 个有合法继承权，只不过去世得都比他早。在这儿不得不说的是，拉美西斯二世是位长寿帝王，活到 90 多岁，这在当时是极少见的，因为当时的古埃及人平均寿命只有 40 多岁。这位法老王似乎还有些自恋，他喜欢夸耀自己的经历，然后雕刻在建筑物上，也喜欢将自己神化，与神灵相媲美。

那么，拉美西斯二世的一生有多传奇呢？

拉美西斯二世的父亲是法老塞提一世，他娶了一位将军的女儿当王后。他们共生育了四个孩子，两个男孩，两个女孩。大儿子在很小的时候就夭折了，这也使得拉美西斯毫无阻碍地登上了王位。

拉美西斯二世很小就在法老学校学习，10 岁在军中担任官职，15 岁跟着父亲南征北战。在此期间，聪明的他学会了最重要的两项技能，分别是以军事手段征服敌人和建造王宫。当然，在这两个方面他都取得了成功，这些经历也将他打造成一位骁勇善战、智慧无双的法老王。

塞提一世去世时，拉美西斯二世只有25岁，那时的他就思想明确——他要创立一番功绩，带领埃及走向繁荣。他在位期间最值得称颂的，一是取得与赫梯族的卡叠什战役的胜利，二是让从各国带回来的俘虏们搬运巨大岩石，修建了阿布·辛拜勒神庙。多年后，波斯的国王大流士想将自己的石像放在神庙内，不过遭到了神庙祭司的拒绝，理由是：大流士的功绩远比不上拉美西斯二世的功绩。此外，他还让俘虏们挖掘了许多纵横交错的河渠，又为埃及人民划分了耕种的土地，不过得向他交纳租金等等。

在埃及，还有这样一个家喻户晓的关于他的传说：

据说，拉美西斯二世常年南征北战。有一次，他带着一大批从各国征服来的俘虏回国，被他任命为埃及总督的同父异母的弟弟在佩鲁希昂的达普纳伊迎接他。

这位王弟为他举办了一场宴会，并邀请了他的妻子和儿子。王弟在宴会举办地的四周堆积了大量的木柴，并点燃了它们，很显然，他是想烧死拉美西斯二世。为了活下去，拉美西斯二世接受了他妻子的忠告，将六个儿子中的两个投入火焰中做桥梁，最终他们获救了，但那两个儿子被活活烧死了。回国后，拉美西斯二世立马展开了对弟弟的报复行动。

拉美西斯二世去世后，他的尸体被制成木乃伊，并且以最隆重的方式葬于帝王谷的陵墓内。据说，当时的王位继承人莫尼普塔领着一支规模庞大的船队，沿着尼罗河将他的尸体运至底比斯。一路上，百姓们挥泪相送，向这位埃及历史上最伟大的法老致敬。至于拉美西斯二世的陵墓，据说里面有无数的宝藏，不过很可惜，在他死后几十年就被贼人洗劫一空了。他的木乃伊则被神职人员藏在了底比斯哈特谢普苏特女法老的神庙内，直到1881年才被法国的埃及学家加斯顿·马斯佩罗发现，并被安放在埃及国家博物馆内。

拉美西斯二世除了英勇善战外，最大的兴趣就是在建筑上。毫不夸张地说，他是一位杰出的建筑大师，建造了这样几座不得不说的建筑。

首先是一座首都——比·拉美西斯。这座城市极尽奢华，土地富饶，可以说与埃及另外两座底蕴深厚的城市孟斐斯城和底比斯城不相上下。比·拉美西斯建立在尼罗河三角洲东部的古阿瓦里斯城。之所以建在这里，是因为他父亲的夏宫建在此地，这里让他感到亲切。不过，埃及学家埃达·布莱希尼亚认为:“这里是拉美西斯二世的故乡，所以他才将地址选在这。此外，这里紧挨东部边境，连接着亚洲，建一座都城不仅起到防御作用，还能与外界进行贸易往来。”城市里的居民来自王国各地，其中还有许多战俘，但彼此相处融洽。拉美西斯二世去世一个多世纪后，法老们才决定带着城中财宝迁都塔尼斯城。

其次是庙宇。拉美西斯二世修建了阿蒙·拉大神庙内的石柱大厅。这座建筑占地5000多平方米，屋顶被134根巨型石柱支撑。大厅的墙壁上雕刻着各种各样的庆典活动，画面栩栩如生。他还命人挖了一个圣湖，每当神职人员举行供奉太阳神和冥神奥利西斯的仪式时，都必须在湖中沐浴净身。此外，他还在卢克索神庙内修建了72根支撑走廊的石柱和一个巨型拱门。石柱上的装饰图案美轮美奂，拱门墙壁上则刻下了关于卡叠什之战的浮雕。原本这些建筑前摆放了六尊拉西美斯二世的雕像和两座方尖碑，只可惜现在只剩下一座方尖碑了。

再次是拉美西斯宫。这座宫殿位于尼罗河左岸的底比斯，是以拉美西斯二世的名字命名的，如今只剩下废墟。但从规模上看，不难想象它初建时有多么辉煌奢华。宫殿被一堵堵高墙围起，里面设施众多，有作坊、商店、学校等等。在学校的遗址中，考学人员发现了一些草纸书，书中记载着：拉美西斯二世为了修建这座宫殿，不惜拆掉其他一些古建筑上的材料。只可惜，这座宫殿也遭到了别的国王的拆除。据考证，这座宫殿用于殡葬，但它并不是用来安放拉美西斯二世遗体的，而是让后人在此地举行供奉他的仪式的。

最后是拉美西斯二世最伟大的建筑作品——阿布·辛拜勒神庙。这座神庙是古埃及文明的象征，是古代建筑中的瑰宝。意大利的埃及学家赛尔乔·多纳多尼教授曾这样评价这所神庙："这真是一座让人匪夷所思的建筑，它充满了埃及古典建筑的特色。"

神庙建立在山坡上，以山体岩石雕琢出来的四尊石像每尊都有 20 米高，它们象征坐在神庙大门口的法老。神庙开凿深度约 60 米，里面供奉了三位神灵，但真正供奉的"神灵"其实是拉美西斯二世自己。在山崖外还开凿出了一所岩窟庙，同样是为了供奉三位神灵与纪念拉美西斯二世的。

神庙的庙门约 32 米高，36 米长，在庙门两旁雕刻了两尊高约 21 米的拉西美斯二世雕像。这所神庙还有一个神奇的现象：每年的 2 月 21 日和 10 月 21 日分别是拉美西斯二世的生日和加冕日，阳光不仅能在这两天穿透 60 米深的庙廊，而且能照射到拉美西斯二世的雕像上，这是周围其他的雕像没有的待遇。因此，人们称拉美西斯二世是太阳的宠儿。

在神庙的附近还有一座规模较小的哈索尔神庙，这也是一座岩窟庙，是拉美西斯二世送给他妻子的礼物。据考究，拉美西斯二世十分爱他的皇后，因为皇后的墓碑上写着这样一段话："我对你的爱独一无二，你的离去带走了我的心。"

如今，阿布·辛拜勒神庙变得残破不堪，许多石柱和雕像都断裂了，据说是一场地震破坏了它们。现代的建筑师们正努力修复这座建筑瑰宝，希望它有朝一日能恢复往日的神采。

意大利比萨大学的埃及学教授埃达·布莱希尼亚曾经这样评价拉美西斯二世：“他最大的武器是宣传，这对他的统治起了关键性的作用。大量的雕像和碑文都向人们讲述了这位法老的壮举与魄力，使他的形象流传千古。”恐怕，这也是拉美西斯二世能成为杰出的建筑大师的原因吧！

被爱神眷顾的王后——奈菲尔塔利

古埃及有一个集万千宠爱于一身的王后，她就是奈菲尔塔利。

奈菲尔塔利是古埃及十八王朝拉美西斯二世的王后，她有许多译名，如妮菲塔丽、拉法塔丽等。在古埃及语中，“奈菲尔”为美人的意思，而“奈菲尔塔利”则是最美的女人。

1904 年，意大利考古学家埃尔内斯托·斯基亚帕雷利在底比斯的王后谷中发现了奈菲尔塔利的陵墓。可惜的是，陵墓内不仅没有这位王后的木乃伊，就连随葬品也被盗取一空。不过，陵墓内留下了盗不走的壁画。这些壁画生动形象，艳丽奢华，毫无保留地反映了古埃及人相信死后再生时能继续享受富贵、繁华生活的信念。后来，奈菲尔塔利的木乃伊被考古学家们追回，但因为损坏严重，人们无法恢复她的面容，也就无法见到她的真面目。

据记载，拉西美斯二世一生共有八位王后，奈菲尔塔利不仅是第一任王后，而且是最受宠爱的一个。不过很多学者认为，拉美西斯二世立奈菲尔塔利为王后，是为了巩固自己的法老地位。为什么这么说呢？因为拉美西斯来自下埃及三角洲地区，他并不是底比斯的王族后裔，而奈菲尔塔利可能是底比斯的王族，两人结婚可以使拉美西斯二世拥有正统的王族血统。可是从现有的资料来看，奈菲尔塔利的名字上并没有出现“公主”、“国王的女儿”之类的称呼，所以她也有可能不是王族成员。

那么，奈菲尔塔利究竟是什么身份呢？对此，考古学家们给出了两种说法：一种是奈菲尔塔利是法老阿伊的孙女；另一种是底比斯某个世袭贵族的女儿。不管两种说法谁对谁错，至少我们知道奈菲尔塔利的出身很高贵。对于来自下埃及的拉美西斯二世来说，能娶一位上埃及的名门之女为妻，绝对是沾光了。虽然拉美西斯二世和奈菲尔塔利的婚姻可能是出于政治目的，但是在后期，奈菲尔塔利以她独特的美丽和智慧俘获了拉美西斯二世的心。为什么这么说呢？因为在奈菲尔塔利陵墓的壁画中有许多关于她的称谓，比如“最受宠爱的人”、“甜蜜爱情的拥有者”、“上下埃及的女主人”、“法老最爱的妻子”等等。

拉美西斯二世对奈菲尔塔利的爱有多深呢？

从古埃及史料中人们查阅到，拉美西斯二世曾经为奈菲尔塔利写下这样一段话：“太阳因你而升起，你是无与伦比的，而我对于你的爱情是独一无二的。虽然只是擦肩而过，但你早已偷走了我的心。”这段话如此肉麻，如此炽烈，人们很难相信这会出自一位威严的法老王之口。若不是事先知道这是法老所说，人们肯定以为是某个刚刚坠入爱河的年轻人的宣誓呢！

此外，拉美西斯二世与奈菲尔塔利成婚后，为了讨妻子的欢心，他特地命人在奈菲尔塔利的寝宫外建造了一座莲花池，池子里种满了珍贵稀奇的蓝莲花，池底还铺满了五颜六色的橄榄石。每当阳光照在池水上，都会散发出五彩缤纷的光芒。奈菲尔塔利欢喜不已，因为她最喜爱的花就是象征着永恒生命的蓝莲花。

当然，并不是只有拉美西斯二世一个人为奈菲尔塔利所倾倒，王宫内有许多人都折服于她独特的魅力。曾经有人这么描述这位王后：“她说的每一个字都那么迷人动听，和她相关的所有事都令人愉悦，只要她想要，不论多稀有、多艰难，人们都会替她拿来。”

奈菲尔塔利的美丽让她被人们视为神邸，而法老对她的宠爱，无疑让她成为全埃及最尊贵的女人。所以，不管拉美西斯二世出于什么目的娶了奈菲尔塔利，事实上他们的婚姻都是幸福美满的。奈菲尔塔利与许多古埃及第十八王朝的王后一样，拥有独立的权力和庞大的财富，这一点从她佩戴的王冠上就能看出。不过，人们对奈菲尔塔利的实际活动了解甚少。人们只知道，在与拉美西斯结婚的头三年，她几乎和丈夫形影不离，无论是在宗教仪式还是在国事活动里，人们总能见到她美丽的倩影。在一些壁画文物中，也能看到奈菲尔塔利与拉美西斯二世依偎在一起的画面。之后的 18 年内，除了她给赫梯的王后写了一封结束两国战乱的谈判信外，几乎就没有她的记述了，这位美丽的王后仿佛销声匿迹了一般。

对此，很多学者怀疑，奈菲尔塔利可能像古王国后期的王后们一样，仅仅是法老的附属，不然关于她的史料怎么会那么少呢?

根据埃及人的传统，奈菲尔塔利死后被奉为女神，人们将她视为哈托尔女神的化身。之后来到埃及的希腊人认识到这样一个事实：神灵是永生的，而凡人却不能。所以，古埃及的法老和王后死后都会被尊为神灵，埃及百姓们会对他们进行膜拜。

拉美西斯二世在阿布辛拜尔修建了两座石窟庙，其中较小的一座就是为奈菲尔塔利建的。石窟庙上有六座雕像，其中有四个为拉美西斯二世，还有两个是奈菲尔塔利。令人惊讶的是，奈菲尔塔利的雕塑几乎与拉美西斯二世法老的雕塑并列摆放，并且高度也差不多，这在整个埃及历史上都是少见的。此外，石窟内殿的壁画上还画着拉美西斯二世朝奈菲尔塔利敬奉的画面，当然，壁画上的奈菲尔塔利是女神哈托尔的化身。

奈菲尔塔利无疑是个被爱神之箭射中的女人，她的爱情美好到让人嫉妒。至于她的容貌真的如她的名字那般美丽吗？这个谜团恐怕会困扰人们很久。

世界上最美的女人——纳芙蒂蒂

谁是古埃及最美丽的女人？很多人都会认为是埃及艳后克利奥帕特拉七世。其实，有一个女人比埃及艳后还漂亮，她就是素有“世界上最美的女人”之称的纳芙蒂蒂。

纳芙蒂蒂是埃赫那顿法老的王后，在古埃及语中，她的名字含有“迎面而来的美人”的意思。而在埃及众多的王后中，她绝对是最出类拔萃的，因为她不仅美丽得让人心动，在政治舞台上也大放光彩。至今，人们在许多庙宇和壁画中都能发现她美丽的倩影，但让人疑惑的是，古埃及的历史记载中鲜少有她的身影。

由于资料匮乏，考古学家们难以确定纳芙蒂蒂真正的身世，不过有这样几种猜测。有人认为，她可能是米坦尼公主塔杜赫芭，起初要嫁给阿蒙霍特普三世法老，后来嫁给了他的儿子。也有人认为，纳芙蒂蒂是阿蒙霍特普三世和妃子生下的女儿。这样一来，埃赫那顿就是她同父异母的兄弟。但这种说法被很多人否决，因为若事实真是如此的话，纳芙蒂蒂就该有“法老王之女”的封号。还有人认为，纳芙蒂蒂的父亲是阿蒙霍特普三世的大臣，后来成了埃赫那顿的心腹。

不管纳芙蒂蒂真正的身世是什么，可以肯定的是，她出身于古埃及上流社会。

纳芙蒂蒂嫁给埃赫那顿后，帮助丈夫发动了史无前例的宗教改革，比如崇拜新神阿吞，削弱阿蒙神庙内僧侣们的势力，废弃古都底比斯并迁到新都城埃赫塔吞等等。在新都城内，她与埃赫那顿平起平坐，共同治理朝政。

在当时，纳芙蒂蒂绝对是权力滔天的女人，这一点从古代壁画中就能看出。壁画里，她与埃赫那顿各驾一辆战车，两车并排而行，不分先后。更有人认为，纳芙蒂蒂的权力大于埃赫那顿，因为她有决定敌人生死的权力，要知道这项权力向来都是属于法老的。埃赫那顿去世后，纳芙蒂蒂掌握大权。或许是他们宗教改革时得罪了太多人，国家面临动乱。在这危机四伏的时刻，这个美丽的女人没有退缩，挺身而出，采取了一系列紧急措施挽回败局。

在这里，有一个谜团一直困扰着人们，那就是埃赫那顿死后，纳芙蒂蒂有没有继承王位？

从埃及帝王谱中我们知道，埃赫那顿之后是少年法老图坦卡蒙继承了王位。但有关资料指出，埃赫那顿任命的继承者其实是斯孟克卡拉。斯孟克卡拉是谁？有学者认为，他是埃赫那顿与一名妃子生下的儿子，也有学者认为他根本就是图坦卡蒙同父同母的亲兄弟。不过巧合的是，斯孟克卡拉和纳芙蒂蒂有相同的名号，这也导致很多学者认为埃赫那顿死后纳芙蒂蒂继承了王位。而另一方面又有证据显示，纳芙蒂蒂去世得比她丈夫早，如此又怎么能继承王位呢？但可以肯定的是，纳芙蒂蒂所处的时期绝对是埃及女性地位最高的时期，她们不仅享受更多的自由和权利，还能与男子一样受到良好的教育并享有财产继承权。那个时代的女性也很聪明，她们有自己的想法，对于不公平的事会向相关部门提出上诉，哪怕上诉的对象是男人。

一千个读者就有一千个哈姆雷特，人们对于纳芙蒂蒂的评价也各不相同。一些人认为她是个女英雄，在国家混乱之际，挺身而出力挽狂澜；一些人则认为她是个宗教狂热分子，满肚子都是阴谋诡计。然而，这位国色天香的王后并没有留给人们太多史实，因为她在公元前 1336 年突然从历史中消失了，那时的她约 30 岁。有人猜测，纳芙蒂蒂可能是被逐出了王室，因为她没有生下男嗣；也有人猜测，埃赫那顿夫妇因信仰问题遭到子民的背叛，所以有关他们的事物遭到了全方面的销毁。

时至今日，人们在埃赫那顿的陵墓内都没有发现纳芙蒂蒂的木乃伊，甚至是有关于她的陪葬品。不过在 1912 年，德国考古专家路德维希·博哈特在埃及阿马纳发现了一尊纳芙蒂蒂的半身塑像。他曾这样描述：“当这尊彩色雕塑出土时，我就知道它一定是埃及最生动的艺术品。这件艺术品保存得很好，唯一的瑕疵是耳朵和左眼有些缺损。”

对于这件彩塑是在什么时间由什么人制作的，目前已无法考证。但可以肯定的是，彩塑的对象绝对是纳芙蒂蒂。这尊彩塑色泽丰富，由灰色、黄色、黑色、白色、绿色和人体肤色构成，高约 47 厘米，重约 40 斤，人物的右眼使用黑色天然水晶镶嵌而成，眼白则使用了白垩岩石，眼眶被蜂蜡密封。

后来，彩塑被博哈特带去了开罗，在得到当时的开罗博物馆馆长加斯东·马斯佩罗的同意后，于 1913 年运去德国。1920 年 7 月，彩塑被新建成的普鲁士皇家艺术博物馆收藏。二战期间，它又被保存在法兰克福帝国银行的保险柜中。此后，它又被转移到柏林动物园的地堡内和图林根州梅克斯的一个地下盐矿里。直到 1945 年 6 月，它重新回到法兰克福的帝国银行。

此后的几十年里，纳芙蒂蒂的彩塑辗转于各个博物馆。这期间，埃及多次提出物归原主，但都没有下文。所以想要一睹纳芙蒂蒂的芳容，恐怕还得去各个博物馆。

埃及艳后——克利奥帕特拉七世

毫不夸张地说，埃及艳后是古埃及最出名的女人，甚至比著名的法老王们还声名远播。在许多野史、传说和文学作品中，我们总能见到她令人惊艳的神秘倩影，可现实中关于她的文献资料却少之又少。那么，埃及艳后是怎样一个女人？她的一生有何传奇呢？

埃及艳后名为克利奥帕特拉七世，出生于公元前 69 年，是古埃及克罗狄斯·托勒密王朝的最后一任女法老。她拥有显赫的身世，父亲是托勒密十二世奥莱特，母亲是克利奥帕特拉五世。

公元前 51 年，托勒密十二世去世，他留下遗嘱，指定克利奥帕特拉七世嫁给她同父异母的兄弟托勒密十三世，并与其一同掌管埃及朝政。但事与愿违，克利奥帕特拉七世和托勒密十三世因为派系和思想理念不合，陷入对权力的争夺中。后来，克利奥帕特拉七世被当时的两位大臣波希纽斯和奥克奇维安赶出了王室。此后，她便在埃及和叙利亚边界聚集军队，准备攻入埃及，重夺权力。

与此同时，罗马大帝盖厄斯·儒略·恺撒因追击庞培来到了埃及。为了讨好恺撒，托勒密十三世与手下伯狄诺斯设计杀害了庞培，并将其头颅献给了恺撒。托勒密十三世这么做的目的很简单，他想利用恺撒的势力杀死他的姐姐。可惜的是，他所做的一切并没有获得恺撒的好感。另一边，克利奥帕特拉七世得知恺撒的行踪后，也打上了这位大帝的主意。她想借恺撒的势力重回埃及，帮助她夺取王位。只是，她该用什么样的方式见恺撒呢？绞尽脑汁后，她命令属下装扮成一个商人，并把她裹在一床大毯子里。就这样，她与恺撒见面了。

那时的克利奥帕特拉七世正处妙龄，美艳动人，她的智慧和美貌立马俘获了恺撒的心。恺撒下令克利奥帕特拉七世与托勒密十三世共同执政。之后，波希纽斯发生了叛乱，托勒密十三世在这场叛乱中被杀害。之后，埃及落入恺撒的手中，但他并没有把埃及的领土划入罗马。克利奥帕特拉七世与恺撒生活在一起，并生下了一个儿子，取名为“盖厄斯·儒略·恺撒利恩”，有“小恺撒”的意思，而王位也正式落在她的头上。

公元前 45 年，恺撒邀请克利奥帕特拉七世和托勒密十四世前往罗马，他们被安排住在恺撒的私人宅邸内，这无疑是天大的殊荣。此后，恺撒在罗马建造了一所维纳斯神庙，特地把克利奥帕特拉七世的黄金塑像放在了女神像的旁边。就在克利奥帕特拉七世即将成为罗马帝国的女主人时，恺撒遇刺身亡了。

这对克利奥帕特拉七世来说无疑是个天大的噩耗，美梦化为泡影，她黯然离开了动荡不安的罗马。回到埃及，因担心权力受到威胁，她暗中毒死了托勒密十四世，与她和恺撒的儿子托勒密十五世共同治理埃及。同一期间，恺撒的养子屋大维和其下属马克·安东尼平定了罗马纷乱。两人划分了势力范围，罗马西部地区由屋大维统治，东部则由安东尼治理。

安东尼是一个好战分子，他并不满足于现状，在攻打安息时，传令让克利奥帕特拉七世来塔尔苏斯，希望获得埃及的财富来解决军队供给问题。

克利奥帕特拉七世是个聪明的女人，她一边管理埃及朝政，一边关注着罗马的政局，所以对罗马的当政人物十分了解。接到安东尼的传讯后，她觉得是个大好机会。她将自己打扮得异常美丽，特地乘坐一艘金色奢华的楼船与安东尼见面。毫无意外，安东尼继恺撒之后成为她又一个裙下之臣。此后，克利奥帕特拉七世提出了很多要求，比如让安东尼除去她的王位竞争者亚西斯，也就是她同父异母的妹妹。安东尼被迷得神魂颠倒，不管什么要求都一一答应。

之后，安东尼跟随克利奥帕特拉七世去了埃及，他们在一起长达 12 年，其间生育了三个子女。女法老用她的美貌和智慧不仅保住了王位，还保护了埃及领土不受侵犯。

公元前 40 年，安东尼回到了意大利，并娶了屋大维的姐姐奥克塔维亚为妻，这次联姻暂时缓冲了他与屋大维之间的矛盾。公元前 37 年，安东尼和屋大维之间的矛盾加深，安东尼回到了东方，准备远征帕提亚。他以旅途艰辛为由，将妻子奥克塔维亚送回了罗马。军队到安条克后，他却与克利奥帕特拉七世见面，还不惜违反罗马传统的婚姻条例娶她为妻。说起来，安东尼并不是出于爱情而娶克利奥帕特拉七世为妻的，里面夹杂着政治目的，他需要埃及在财政上支持他。作为交换条件，他将叙利亚中部地区、腓尼基沿岸城市、塞浦路斯岛以及纳巴特王国部分地区送给了克利奥帕特拉七世。可惜的是，就算有了足够的军费，他也没能获得胜利。公元前 34 年，安东尼出征亚美尼亚，这次得以凯旋。他的凯旋仪式在埃及举行，仪式上，他与克利奥帕特拉七世一同坐上了黄金座椅，克利奥帕特拉七世被封为“诸王之女王”，托勒密十五世则被封为“诸王之王。”

安东尼在东方的所作所为惹恼了罗马人，他们无法忍受他与克利奥帕特拉七世的关系，更无法理解他将大片土地赠送给克利奥帕特拉七世和其子女的行为。可以说，罗马人恨克利奥帕特拉七世入骨，更把她视为对罗马威胁最大的人物。

渐渐地，安东尼威信扫地，国人不再支持他。而这一切都被屋大维看在眼里，他在暗中寻找除去他的机会。公元前 32 年，安东尼和屋大维的矛盾终于爆发，导火索是安东尼遗弃了原配妻子奥克塔维亚。屋大维发誓要为姐姐报仇，他将安东尼一早放在神庙中的遗嘱公布于众。遗嘱内容交代了他的领土将分给克利奥帕特拉七世和其子女，也交代了他死后将安葬在亚历山大里亚。这份遗嘱激怒了罗马人民，当时的元老会和公民大会以克利奥帕特拉七世侵占罗马人民财产为由，不仅对她宣战，还剥夺了安东尼对罗马东部地区的统治权。

公元前 31 年，安东尼与屋大维在阿克提乌姆海角开战，这次战役被称为“亚克兴海战”。就在安东尼的舰队战败之时，克利奥帕特拉七世居然乘船撤离战场，驶回埃及。安东尼立马去追，被他抛弃的战斗部队则被屋大维尽数剿灭。至于克利奥帕特拉七世突然离开的原因，人们至今还没弄明白。

公元前 30 年，屋大维乘胜追击，他不仅进攻埃及，还包围了亚历山大里亚。安东尼知道自己再无胜利的可能，便举剑自杀了。至于克利奥帕特拉七世，她自知死期将近，早就思考用什么方法自杀。为此，还有这样一段故事：

据说，克利奥帕特拉七世成为屋大维的俘虏时，企图用自己的美色迷惑屋大维，可惜屋大维不为所动。在得知屋大维要将她带回罗马凯旋示众时，她陷入了绝望，并让忠诚的侍女找来一条名为“阿普斯”的毒蛇。毒蛇被放在装满无花果的篮子里，躲过了侍卫的查看，顺利地送到了克利奥帕特拉七世的手中。这位美丽的女法老以蛇毒结束了自己传奇的一生。让人意想不到的是，屋大维居然将她和安东尼埋葬在了一起。至于克利奥帕特拉七世的孩子，他们全都被屋大维处死了。

克利奥帕特拉七世的死意味着托勒密王朝的结束，埃及被划入罗马，成为屋大维的私人财产。

时至今日，随着人们对克利奥帕特拉七世研究的深入，发现她的死因存在着许多疑点，目前衍生出这样几种说法：

第一种：死于屋大维之手

在历史中，屋大维逼死了安东尼，后又杀死了克利奥帕特拉七世所有的孩子，所以没道理会放过埃及艳后。此外，埃及并没有女仆陪着主人自杀的传统。但是在故事传说中，送篮子的侍女最后也被毒蛇咬死了。由此可见，屋大维是在除掉所有目击者。

第二种：被毒蛇咬死

这个说法最早出现于公元 1 世纪，是由当时的希腊哲学家普鲁塔克记述的。如果是真的，那么问题来了，普鲁塔克出生于埃及艳后死去的第七十几年，他又是怎么知道的呢？而且看过他记述的人，不难发现里面充满了矛盾和错误。再来，克利奥帕特拉七世死得太快，这根本不科学。在实验数据中，被毒蛇咬死至少需要 2 个小时，而在这 2 小时内，没有人去查看克利奥帕特拉七世吗？

第三种：死于自杀

据说，埃及艳后在死之前曾经递给屋大维一封自杀信。但这很快被美国著名的犯罪学研究专家反驳，他指出：这样的做法并不符合一个决心自杀的人的性格。她要真这么做了，难不成是想要屋大维去救她？这无疑与她自杀的心理相矛盾。

对于克利奥帕特拉七世真正的死因，现在已无从查证。人们对于她的评价也各不相同，有人认为她是古埃及王国中最能干的统治者，她用一生来保护埃及；也有人认为她是一个阴险狡诈、不择手段的女法老，因为她懂得利用自己的美貌达成目标和得到想要的一切。可以说，埃及艳后是天使与魔鬼的结合体，是一位传奇的女性。

第八章

诸神之战：神奇的玛雅

与古埃及文明一样，玛雅文明也是地球上最神秘的文明之一，甚至在某些地方，两个文明惊人地相似。玛雅文明拥有先进的科技与灿烂的文化，这些曾为玛雅人带来不可估量的财富和权力。可是，这样一个强大的文明却没逃过由兴盛到衰落的魔咒，更是一夕之间从地球上蒸发！究竟是什么原因摧毁了玛雅文明呢？

神秘的玛雅文明

说到玛雅文明，我们会不自觉地用“神秘”和“古老”来形容它，因为翻开古代世界文明史的篇章，你会发现玛雅文明似乎从天而降，却又在它最鼎盛的时期戛然而止，给人们留下了无数的谜团。那么，这个引人入胜的文明是如何被发现的？它又有着哪些不可思议之处呢？

1502年，哥伦布开始了最后一次远航美洲的旅程，而这一年距离第一次发现新大陆恰好10年。浩浩荡荡的船只在洪都拉斯湾靠岸，哥伦布与船员们踏上了这片树木葱郁的土地。在当地的集市上，哥伦布被一只来自“玛雅”的制作精美的陶盆所吸引。由此，“玛雅”这个神奇的名字第一次传入欧洲大陆。16世纪中叶，西班牙殖民主义者踏着哥伦布的足迹来到中美洲土地，在一片郁郁葱葱的丛林中发现了与世隔绝的玛雅部落。因为语言不通，玛雅人委派通译者将自己的文明介绍给当时的西班牙第一任主教兰多。兰多对玛雅文明十分感兴趣，可是在翻阅玛雅典籍后，他做出了一个疯狂的决定——将那些古老的典籍全部烧毁，因为典籍上记载的事太过离奇。

这场浩劫不仅让玛雅部落一夕之间消失不见，也让玛雅文化成为谜团。直到300年后，一本由美国外交官斯蒂文写的名叫《旅行纪实——中美加帕斯和尤卡坦》的书才重新燃起了人们对玛雅文明的追捧。不少学者致力于研究现存的三部玛雅典籍和一些石碑、壁画等，可是玛雅文字晦涩难懂，就像天书一般，数百年来人们碰壁无数。

第二次世界大战后，美国和苏联投入了大量的人力、物力研究玛雅文化，甚至使用了当时最先进的电子计算机。即便如此，据说也只认出典籍中 1/3 的文字。后来，有人根据已认出的玛雅文字翻译了奎瑞瓜山顶上的一块玛雅石碑，出乎意外的是，石碑竟然是一部玛雅编年史。让人难以置信的是，石碑上记载的事件最早能追溯到四万万年以前，而那个时期地球上根本没有人类活动的痕迹！这也难怪西班牙主教兰多要烧毁那些古老的玛雅典籍了。

1839 年，美国人约翰·斯蒂芬斯在洪都拉斯的热带丛林中发现了玛雅文明遗址，此后世界各地的考古人员在中美洲的丛林和荒原中发现了 170 多处被遗弃的玛雅古代遗址。通过研究，人们惊觉玛雅文明不仅古老神秘，而且博大精深。

农业上，玛雅人培育了许多粮食新品种，比如西红柿、南瓜、玉米、辣椒、可可和烟草等，其中数玉米的培植对人类的贡献重大。玉米是一种野生植物，产自美洲大陆，经过玛雅人的培植，不仅产量变大，品种也多样化。欧洲人来到美洲后，将玉米带到了世界各地，使之成为人类的主要粮食之一。此外，欧洲家庭逢年过节必备的美味佳肴——火鸡，也是玛雅人培育的。

经济上，玛雅城市的繁华令人瞠目结舌。据统计，玛雅部落前前后后建立了 100 多个城市，比较知名的有帕伦克、科庞等。城市的建立体现了玛雅经济的出色，而经济的发展归因于玛雅人手工业水平的高超。他们可以用陶土塑造出形状各异的器皿，可以用燧石或黑曜石打造出不同用途的工具和武器，还可以用棉花纺织布匹，更能将金、银、铜等金属加工成器皿和装饰品。另外，玛雅市集完善，产品多样化，玛雅人还将可可豆当作货币，这些都将经济推到了顶峰。当然，玛雅人不局限于内部交易，也发展外贸交易，远至南美洲的哥伦比亚一带都有他们的足迹。

玛雅人在建筑上有极高的天赋，建造了许多殿堂、庙宇、陵墓、石碑等，这些建筑物雄伟壮丽、富丽堂皇，这一点从玛雅遗址奇琴伊察城的库库尔坎金字塔和天文观象台上可以看出。库库尔坎金字塔的底部为正方形，塔高约30米，塔身分为九层，四周共有台阶364级，若是把塔顶上的神庙算上一级的话，共有365级，恰好是一年的天数。金字塔正面的底部刻着蛇羽头，高约1.43米，长约1.87米，宽约1.07米。神奇的是，每至春分和秋分这两天的下午三点，太阳光照射到金字塔后，地面倒映出来的影子就如一条蜿蜒爬行的巨蛇。天文观象台是个圆形的建筑，高约22.5米，看上去像个蜗牛壳。观象台有八个观察天象的窗口，内部的楼梯为螺旋式，阶梯大小、角度相等，可见计算之精准。此外，奇琴伊察城内还有大量的古老建筑群，比如总督府、修女宫、勇士庙、虎庙等等，这些建筑的建造技艺至今让人们惊叹不已。

玛雅人建造的城市中还有一个特色建筑——石柱。每隔20年，玛雅人就要在城中立一些巨大的石柱，这些石柱是研究玛雅文化的珍贵的历史资料，因为石柱上记录着这个城市的大小事件。据悉，这些石柱年代长达1200多年，最早的一根石柱立于公元328年，最后一根立于1516年。比较知名的石柱有危地马拉蒂卡尔神庙石柱，石柱叙述了蒂卡尔城是由一位名叫雅克斯·摩克少克的玛雅人所建，经过他的后代坎阿克家族的发展，蒂卡尔城变成当时最为辉煌的城市。

玛雅人的艺术细胞之发达，让人倍感不可思议。在尤卡坦或危地马拉的热带丛林里，我们至今还能看到那些玛雅遗址的断垣残壁中美丽的图案和鲜艳的色彩。在博南帕克遗址中，有一幅绘于公元8世纪的战争壁画，画中人物表情丰富、栩栩如生，不愧为当今世界著名壁画之一。

还有一块谜一样的石板，为什么说它是谜呢？因为石板上雕刻着人物和花纹太让人震惊了。1956年6月5日，人们在玛雅遗址帕伦克古城的一处神殿的废墟内发现了一块石板。由于石板上雕刻的图案让学者们摸不着头脑，所以当时只把它当作一些关于玛雅古代神话的雕刻。到了20世纪60年代，当宇宙飞船载着人类驶入太空时，那些学者们才恍然大悟，因为这块玛雅石板上雕刻的正是一幅宇宙航空图，上面不仅有戴着头盔、穿着太空服的宇航员，还有操纵杆、天线、仪表等一应俱全的宇宙飞船。

玛雅人会预测未来吗？不然怎么会有如此预见性的雕刻？对此，有学者提出了一种大胆的猜测。他们认为，一批具有高度文明的外星人乘坐宇宙飞船来到了古代的美洲热带丛林，他们不仅传授玛雅人先进的知识，还为他们创造出属于自己的文明。玛雅人将这些外星人视为天神，所以才刻在石板上。当然，这仅仅是猜测，真相恐怕只有当时的玛雅人才知道。

此外，玛雅人的天文历法和数字也为玛雅文明蒙上了一层神秘的面纱。

玛雅人将一年分为18个月，每月20天，剩下5天作为禁忌日，计算下来，一年正好365天，其精确度远远早于欧洲人后来使用的格里高利历。他们还会推算金星、月亮等其他行星的运转周期和日食时间。他们测算出的金星历为584天，现代人测算为583.92天，也就是说，误差每天不到12秒，每月仅有6分钟，这是多么令人难以置信的数字。另外，他们还有一种神奇的被称为“佐尔金年”的宗教纪年法，将一年分为13个月，每月20天，据说这种历法并不是以地球上所观察到的任何一种天体的运行为依据，而是玛雅人的祖先依据我们至今还不知道的一颗星球制定出来的。

在数字上，玛雅人早在公元前4世纪就掌握了“0”这个数字概念，这比世界上任何一个国家都要早。他们还创造了20进位计算法，其数字演算能沿用到400万年以后。如此庞大的数字并不适用于生活，只有在宇宙航行、星际测算时才用得上。所以，我们不禁会疑惑，几千年前还在刀耕火种的玛雅人用得着这样的天文数字吗？而他们的文明怎么会如此先进？难不成真像一些学者推测的那样，是来自高等文明的外星人传授给他们的？

玛雅人拥有自己的象形文字，这些文字不仅能表达出世间万事万物，而且能表达出人与人之间的情感，我们至今还能在玛雅的建筑物、陶器、绢布、石柱、金字塔等地方看到那些文字。

玛雅词汇丰富，据统计有3万多个，有象形、形声、会意。玛雅人用树皮或鹿皮制成“纸”，用他们的文字记载了许多历史事件、科学知识和典礼仪式。不过，这些古老的典籍大多销声匿迹，只有少数流落在世界各地。现存比较知名的有编年史巨著《卡奇克尔年鉴》、历史文献《奇兰·巴兰》、古典诗《波波尔·乌》和历史剧《拉比纳尔的武士》等。

玛雅人在思想上有很高的觉悟，这也使他们创造了自己的宗教信仰。他们信仰萨满教，崇拜太阳神和自然神。他们坚信天上有一个美好而充满欢声笑语的世界，而主宰这个世界的天神名叫伊斯塔，他善良、公正、博爱。对应地，有天堂就有地狱。地狱之神名叫米特纳尔，他会用饥饿、寒冷来虐待进入地狱的人。玛雅人的信仰是：如果想要死后进入天堂，那么在生前就得做好事，不然会下地狱，由死神来清算你在生前犯下的罪孽。

说了这么多，你是否也被玛雅文明的神秘和古老所吸引了呢？当然，玛雅文明远远不止这些，还有许多地方等待着人们去探索，去揭开那一个个神奇的谜团。

玛雅文明为何失落

美洲古代印第安人发展出许多文明，其中最杰出的当属玛雅文明。这个伟大而神奇的文明是美洲印第安玛雅人在与亚、非、欧古代文明隔绝的条件下独立创造出来的，也因印第安玛雅人而得名。玛雅文明部落众多，分布广泛，在墨西哥南部、伯利兹、危地马拉以及洪都拉斯和萨尔瓦多西部地区都有其足迹。

学术界首次关注玛雅文明是在18世纪末，19世纪发掘的玛雅古遗迹将人们对它的研究热度带入高峰。到了20世纪50年代，人们不仅将玛雅文明列入世界考古学及历史学研究的重要领域，而且形成了专门的玛雅学。根据中美洲编年史，玛雅文明可分为三个阶段，分别是前古典期、古典期、后古典期。

前古典期为玛雅文明的形成时期，年代在公元前2500年—公元250年。考古学家在尤卡坦半岛的中央佩滕盆地和周围的山谷发现了不少农作物和人类居住的痕迹，由此推断，早在这个时期玛雅人就已经出现了定居性的农业生活。另外，人们还发现了土台、祭坛等早期祭祀建筑，这些为此后出现的国家萌芽、象形文字、历法等奠定了基础。

古典期是玛雅文明的全盛时期，年代在公元250年—900年。这个时期，玛雅人建造了数以百计的大规模城市，但都是据地自立为小城邦，并没有形成统一的国家。各个城邦大同小异，其城市规划、建筑风格、文字与历法、生产水平都是一致的，其中著名的城市有蒂卡尔、瓦哈克通、彼德拉斯内格拉斯、帕伦克、科潘和基里瓜等。

蒂卡尔是玛雅最大的城市，鼎盛时期居民多达10万—20万。城中遍布着数百座大大小小的金字塔，这些金字塔雄伟壮观，占地面积广。考古学家还在蒂卡尔遗址中发现了一块建立于公元445年的石碑，上面记录着一位名为“暴风雨天堂”的国王的登基仪式，正是这位国王开启了蒂卡尔城的辉煌时代。此外，石碑上还记录着公元317年—445年蒂卡尔王国的历史，其中记述了与瓦哈克通城的战争故事。最终，蒂卡尔胜利，这次胜利标志着蒂卡尔王国的崛起。

当时最美丽的城市是帕伦克，人们以“美洲的雅典”来赞誉它。科潘也是一座著名的城市，从现在遗址的规模来看，它并不逊色于蒂卡尔和帕伦克。不过大约在公元前9世纪时，这些城市突然被抛弃，玛雅文明开始衰落。11世纪以后，玛雅文明逐步向北部的石灰岩低地平原转移。

后古典期在1000年—1520年，这个时期的玛雅文化有着浓厚的墨西哥风格。根据历史记载，当时的托尔特克人从墨西哥南下，不仅征服了尤卡坦，而且以奇琴伊察为都城。城中有立柱群，有以活人为祭品的“圣井”，还有高大的金字塔和崇拜蛇羽神的神庙。此后，北部的科潘突然崛起，取代奇琴伊察成为后古典文化的中心。科潘的统治者与其他城邦结盟，用武力建立自己的统治。到了1450年，科潘内部出现叛乱，城市被烧毁，之后百年间处于衰落阶段。之后，西班牙殖民者入侵，卡坦半岛被迅速占领，玛雅文明遭到彻底破坏。

玛雅人遗弃了他们繁华的城市，曾经辉煌的神庙和广场也淹没在丛林中成为野兽的家园。玛雅文明为何失落？关于这个千古之谜，学者们众说纷纭，主要有以下几种说法。

第一种：内战频发

20世纪80年代末,45名学者组成一支考察队进入危地马拉佩滕雨林地区，这支考察队内有考古学家、动物学家和营养学家，他们用6年时间考察了玛雅200多处遗址，最后确定玛雅人为夺得财富和权势发生了内战，最终导致文明毁灭。

据这些学者们研究，玛雅人并非传说中热爱和平的民族。相反，他们十分好战，并以尖锐的长矛和棍棒作为武器。他们战斗的原因有两个。其一是献祭。因为玛雅人崇拜神灵，通常又以活人献祭，所以士兵们攻打弱小的城邦抓获俘虏，然后交由自己的祭司去祭祀神灵。其次是争权。玛雅皇室除了长子外，其他皇室兄弟不可避免地会受到排挤与打压。于是，一些皇子远离家园开辟新的城市，一些则留下来争夺继承权。这两种内斗导致战争频发，生灵涂炭，城市毁灭，文明中断。

第二种：人口膨胀

玛雅文明兴盛时期，人口达到了数百万人。可是从现存的玛雅遗址来看，他们居住的城市并不大。这样一个庞大的群体，无疑成了当时社会的重大负担，所以人们不得不迅速地大规模移民。久而久之，玛雅城市衰落，难免成为孤城。

第三种：环境恶化

部分学者认为，当时的玛雅人环境保护意识不够强，刀耕火种的生产方式致使环境恶化。到了人口膨胀时期，为了满足人们对粮食的需求，只有缩短休耕期，这使得土壤肥力下降，粮食产量剧减，人们不得不放弃自己的家园。

当然，也有学者认为是干旱致使玛雅文明消失的。2001年，霍德尔教授带着考察小组来到卡坦半岛，他们挖掘半岛中央一个湖泊底部的沉淀物作为分析对象。研究发现，这个地区每隔若干年都会发生严重的干旱。再翻开玛雅历史，每当干旱来临之际，其文明都会衰退，比如停止建造纪念碑、遗弃城市等等。另外，霍德尔还发现，公元910年发生了玛雅历史上最严重的一次干旱，这次干旱给了玛雅文明致命一击。

第四种：疾病传播

据考证，玛雅文明的卫生条件远远高于邻邦，可是在与邻邦的贸易往来中，不可避免地招来了种种传染疾病。这些疾病不仅危害成年人的健康，也影响到孩子们的成长。玛雅人为了躲避疾病的危害，毅然离开了当时的居住地，去开辟另外一个健康的生存环境。至于被他们舍弃的城市，无疑淹没在荒芜中。

还有一个有趣的说法，那就是人们认为玛雅人是外星人的后裔，他们带着自己的文明离开了地球，回到自己的家乡。这种说法虽然离谱，但仔细想想玛雅文明的神秘之处，似乎也有些说得通了。如今，玛雅只留下少数后裔以及一些残存的古遗迹，但这些都足以证明它曾经是多么地耀眼与辉煌。

玛雅预言

相传2012年12月21日是世界末日，人们将无法看到22日的太阳。回忆起那一年，世界各地人心惶惶，如今回首，不过是笑话一场。可人们当时为何会相信“2012世界末日”的传言？很简单，因为据说这是玛雅人的预言。

玛雅文明诞生了许多预言，比如玛雅人预见自己的文明会消失，预见了希特勒的诞生和死亡，预见了未来的高科技……这些预言中的事物，神奇地与未来吻合，让人们怎么能不相信玛雅预言的独到之处呢？当然，它受人们重视还有另外一个原因，就是玛雅人拥有精准的历法和超前的文明，这些都为玛雅预言披上了一层神秘的面纱。

根据玛雅历法的预言，我们生存的世界会有五个太阳纪，每一个纪元都伴随着毁灭和重生。

第一个太阳纪是根达亚文明。这个文明的人类身高普遍在2米左右，男人有第三只眼睛，且为翡翠色，比较神奇的是，不同人的第三只眼睛具有不同的超能力，有的可以预测未来，有的能透视物体，有的拥有杀伤力……因为女人没有第三只眼睛，所以她们本能地害怕男人，不过她们有与神沟通的能力。这个文明毁于大陆沉没，但现实中很少有资料提及。

第二个太阳纪是美索不达米亚文明。这个文明是根达亚文明毁灭后幸存者们的延续。人们忘却了过去，男人的第三只眼睛逐渐消失，超能力也没有了。不过，他们在饮食上发挥了极高的天赋，不仅研究出各种美食，还诞生了许多饮食专家，所以这个文明又有“饮食文明”之称。美索不达米亚文明坐落在南极大陆，毁灭于地球磁极转换。

第三个太阳纪为穆里亚文明，也被称为“生物能文明”。这个文明是上个文明逃亡者的延续。人们开始将注意力转移到自然中，他们发现植物发芽时能产生巨大的能量，经过一个世纪的研究，他们发明了以植物能为动力的机器。这个文明与根达亚文明一样，毁灭于大陆沉没。

第四个太阳纪为亚特兰蒂斯文明。这个文明的人类来自猎户座，具有操控光的能力，并且该文明早在穆里亚文明时期就建立了，而且两个文明曾经交战过。

根据“卓尔金历”所言，我们的地球已经处在第五个太阳纪，这也将是最后一个太阳纪。据说，当这个太阳纪结束时，太阳会消失，大地会颤抖，灾难将降临人间，地球终将走向毁灭。这一天发生在玛雅历法的3113年，换算成现在的历法，也就是2012年12月21日。

前四个太阳纪距离我们太过遥远，而且没有足够的资料考证，所以它们是真是假至今还是个谜。不过，当我们度过2012年，跨越2013年之后，便会觉得玛雅预言似乎并没与想象中的那么准确。可是话又说回来，“2012世界末日”论真的是玛雅人预言的吗？许多学者对玛雅文化深入研究后发现，玛雅人并没有留下任何关于2012年会发生什么事情的明确记录。那么所谓的末日论预言从何而来？第五个太阳纪中的2012年12月21日这一天又代表着什么？

考古学家发现了一本玛雅人遗留下来的手卷，就是著名的《德雷斯顿抄本》。手卷的最后一页描述了关于世界末日的场景：一场大洪水覆灭了整个世界。而有关玛雅预言的史书也曾记载过，世界末日到来的那一天气候将发生剧变，成千上万条鳄鱼朝着大地吐水，一场自然灾害席卷而来。人们将这些毫无根据可言的末日论与玛雅人预言的第五太阳纪中的内容相结合，久而久之就诞生出 2012 世界末日的言论。

其实，世界发展到今日，许多文明都出现过这样的末日假想，这并不仅仅是玛雅人才有的预言。美国科尔盖特大学的玛雅文明研究专家安东尼·阿维尼教授认为，这种假想并不能当作一种预言。相反，他认为玛雅人实际上并不擅长预言。对于玛雅精准而神秘的历法，他给出了自己的解释：玛雅人对时间的认识大多针对过去，而不是未来。研究玛雅历法后会发现，里面多数讲统治者与他们祖先的关系。统治者越想统治地位稳固，就会把自己的渊源说得越久远。所以，这就是玛雅历法为何那么长，且统治者会使用它的原因。

至于玛雅历法中的 2012 年 12 月 21 日，这一天并不是世界末日，而是玛雅人的一个重要日子。这一天意味着当前时代的结束，即完成了玛雅历法中 5125.37 年的一个轮回，之后历法重新置零，开始一个新的轮回。用阿维尼教授的话说，这就相当于我们每年元旦或每个星期结束后都会重新开始一样。

另外，玛雅长老也指出，2012 年 12 月 21 日根本就不是世界末日。他甚至表示，末日言论来自西方，而玛雅人从没有如此想法。同时他也给出了解释，他认为这一年人类的精神和意识将会进入一个新的高度，我们的文明也将更上一层楼。

人类发展至今，所掌握的科学知识对于整个宇宙来说，就如一粒尘埃那么渺小，但可以肯定的是，这个世界并不会因一个文明的预言而毁灭。当下，我们应该把握好每一天，努力学习，努力工作，就如古印第安人的一句谚语：放慢自己的脚步，等一等落后的灵魂。

库库尔坎金字塔

众所周知，埃及金字塔闻名中外，是世界八大奇迹之一。象征着玛雅文明的库库尔坎金字塔也不逊色，当选为“世界新七大奇迹之一”。那么，它有哪些地方能与埃及金字塔相媲美呢？

库库尔坎金字塔又名“玛雅金字塔”、“羽蛇神庙”、“城堡”等，是玛雅的标志性古遗迹。它位于墨西哥尤卡坦半岛北部，坐落在古城遗址奇琴伊察的中心，威严地耸立在这片热带丛林的空地上，让人望而生畏的同时又给人一种神秘感。

金字塔的底部呈正方形，它由层层而上的阶梯构成，阶梯朝着四个方向，分别是正东、正南、正西和正北。塔的每一面都有 91 个阶梯，四面共有 364 个，若是加上塔顶的神庙，恰好为一年的天数。此外，金字塔的四面各有 52 个四角浮雕，在玛雅历法中，52 年恰好是一个轮回年。由此可见，这样的数字巧合明显是经过精心设计的。在台阶两侧边墙的下端，有一个颇为奇特的带着羽毛的大蛇头石雕，蛇头高约 1.43 米，长约 1.8 米，宽约 1.07 米，它张着血盆大口，吐出来的蛇信子让人毛骨悚然。

如果在每年的春分和秋分这两天的下午参观玛雅金字塔，你会发现一个神奇的现象，人们称之为“蛇影奇观”。它到底有何神奇之处呢？每当太阳西落，太阳光照在金字塔北边的墙面上，地面上将会倒映出一条蜿蜒前行的巨蟒。蛇影由七个等腰三角形排列而成，就好像蟒蛇背上的花纹。一般来说，这样的奇观能持续 3 小时 22 分。在玛雅人心中，这象征着“羽蛇之神”在春分苏醒，所以每当这个时刻，人们会欢聚一堂，载歌载舞，庆祝羽蛇之神降临人间。

至于羽蛇神，它一般被描绘为长羽毛的蛇的形象。因为它在雨季降临，与玛雅人种植玉米的时节一致，所以当之无愧地成为玛雅人最崇拜的神灵。当然，不止玛雅人，当时中部美洲多个文明都信奉它。按照传说，羽蛇神主宰星辰，它不仅发明了书籍、律法，还给人们带去了玉米。它还代表着死亡与重生，是祭司们的保护神。

在库库尔坎金字塔的东面，还有一座勇士庙，它屹立在四层金字塔之上。其前面和南面是千柱群，这些石柱数不胜数，或为方形，或为圆形，考古学家们根据遗留下的痕迹，判断出这些石柱曾经支撑着巨大的宫殿。金字塔的入口处有一座石头雕刻的人像，玛雅人称之为“恰克莫尔”神像。人像仰卧，一些祭祀物品，比如人的心脏等被装在石像胸部托着的圆盘内。

了解了古代玛雅金字塔后，它与埃及金字塔的异同之处就显而易见了。首先在建筑形式上，它们同为“金”字等边三角形建筑，塔底呈正方形，底大顶小，层层往上延伸。不同的是，埃及金字塔的塔顶是尖的，而玛雅金字塔是平的，且塔顶上建有庙宇。在用途上，埃及金字塔是法老的陵墓，而玛雅金字塔是用来祭祀或观察天象的，只有少数几个用作陵墓。

玛雅人在没有金属工具、轮车和大型牲畜的情况下，依然修建了那么多设计精巧的金字塔，这无疑令人叹为观止。可是，玛雅金字塔为何与埃及金字塔有着那么多的相似之处？它的建造者真的是玛雅人吗？

对此，学者们众说纷纭。有人认为玛雅金字塔是埃及人建造的，因为从时间上看，埃及金字塔的建造时间远远早于玛雅，而在早期，埃及金字塔也是从下到上呈阶梯形式的。有人则认为是传说中的亚特兰蒂斯人建造的。在大西洲沉入海洋前，一部分亚特兰蒂斯人来到美洲和非洲，并带来了建造金字塔的技艺。更有人认为是外星人建造了玛雅金字塔，目的是用来贮藏货物，中美洲的人等到外星人离开后，也发现了金字塔在贮藏上有奇特的功能，于是用来储藏王者的尸体。而玛雅人在塔顶坍塌之后，便将庙宇建造在上面，供奉着神灵。

这些说法五花八门，但并不能让人信服，因为缺乏科学依据。

一些考古学家则提出了一个更现实的问题：古埃及建造金字塔时使用了铜制工具和轮式机械，可是处在石器时代的玛雅人并无工具可用，他们是如何切割和运输那些用于建造金字塔的巨型石块的呢？

考古学家认为，如果玛雅人是金字塔的建造者，那么必然会留下蛛丝马迹。经过考察发现，玛雅金字塔的石块绝大多数来自尤卡坦半岛。这里的石块为地质较软的石灰岩，用玄武石制成的石刀就能将它们切割，而石灰岩在露天暴晒后，质地将会变硬。于是，玛雅人先将需要的石头开采出来，趁着质地较软之际，完成切割、雕刻等工作。这并不只是假设，考古学家们找到了许多证据。英国考古学家诺曼·哈蒙德在库埃罗遗址找到了匕首状的石制工具，这些工具十分锋利，能够轻而易举刺穿人的颅骨，由此可见，用来切割石灰岩质地的石块也不在话下了。另外，人们还在尤卡坦发现了数个采石场，甚至找到了因切割失误而丢弃的石块。

这些用于建造金字塔的石块最重的有30多吨，最轻的也有10多吨，玛雅人在没有轮车可用的情况下，是怎么将石块运输到遥远的目的地的呢？

考古学家给出的答案是：滚木运石。

玛雅人将砍伐的硬木制成各种长度的粗壮圆木，然后将石块放在上面，用滚动的方式运到目的地。这种方法虽然耗费大量的人力、物力，但也确实可行，而且有据可依。20 世纪 70 年代，墨西哥的考古学家在尤卡坦半岛发现了一个白色通道，这个通道通向四方，总长度超过 100 公里，宽度在 3—4.5 米之间，表面有坚固平滑的粉灰，这无疑佐证了滚木运输的说法。

此外，玛雅金字塔还比埃及金字塔多了一项无与伦比的绝技，那就是会“奏乐”。当你走上金字塔的阶梯时，细细聆听，会听到一种奇怪的声音，像是水滴滴进容器的声音。这种“音乐”可不是偶然存在的，是设计者专门为了祈雨设计出来的。那么，玛雅金字塔为何能“奏乐”呢？

部分学者认为，这些金字塔之所以会“奏乐”，是因为其内部构造是空心的。事实真的如此吗？乔治·克鲁兹和尼克·德克拉克两位教授为了验证这个说法，将踩在空心金字塔台阶上的音频与踩在实心金字塔台阶和位于墨西哥中心的月亮金字塔台阶上的音频做了对比，并且每爬上一级台阶，就测量一级台阶的声音。得出的结果是，三座金字塔都发出了类似雨滴的声音，且频率十分相近。由此可见，雨滴声并不是因为金字塔是空心的结构而产生的，而是因为当脚踩在台阶上时，产生的声波沿着金字塔的棱角穿梭在每一层阶梯上，于是就有了与水滴声一般的声响。

一直以来，人们普遍认为玛雅金字塔是用来祭祀羽蛇神的，但是克鲁兹教授认为，它们是为雨神而建的，因为在玛雅金字塔和月亮金字塔上都能找到雨神面具。他还认为，这些金字塔是玛雅文明时期的一种乐器，但至今没能找到确定的证据。

不管玛雅金字塔的作用的是什么，不可否认的是，它确实精妙绝伦。

特奥蒂瓦坎金字塔

提到古印第安诞生了哪些文明，也许你脑海中第一个想到便是玛雅文明，因为玛雅文明实在太神秘、太古老了。其实，与玛雅文明诞生于同一时期的特奥蒂瓦坎文明也享誉中外，同样给人一种扑朔迷离的神秘感。

走进特奥蒂瓦坎古城，你会看到巍峨耸立的太阳金字塔和月亮金字塔，会看到神秘庄严的羽蛇神庙，会看到豪华奢侈的蝴蝶宫……这些建筑与玛雅古迹惊人地相似，可是它们并不是出于玛雅人之手。接下来让我们走进这个神秘的国度，去探索一番吧。

特奥蒂瓦坎古城遗址位于墨西哥波波卡特佩尔火山和依斯塔西瓦特尔火山山坡谷底之间，它不仅是古印第安的重要遗址，也是拉丁美洲规模最大的城市遗址。经考古发现，特奥蒂瓦坎是一个宗教中心，与玛雅以及中美洲的其他地区有着广泛的贸易关系。同玛雅人一样，特奥蒂瓦坎人也奉行 260 天的卓尔金历和 365 天的太阳历。离奇的是，它消失的方式与玛雅文明如出一辙，没有留下任何的书面记录。

在印第安人纳瓦语中，特奥蒂瓦坎意为“创造太阳和月亮神的地方”，为此还有一个美丽的传说。

相传，当人们崇拜的第四代太阳不再发光时，世界将被黑暗笼罩，万物生灵也将走向毁灭。宇宙的神灵们听到地球上人们濒临死亡时的叫喊声和呻吟声后于心不忍，便降临特奥蒂瓦坎，点燃了明亮的篝火。地球重获光明，人类获得了救赎，万物也开始复苏。但好景不长，篝火的火焰越来越弱，最后又被黑暗吞噬，而地球也再次陷入黑暗。

神灵们为了使地球永获光明，便修筑了两座金字塔——太阳金字塔和月亮金字塔。两座塔间燃起熊熊烈火，神灵们商定谁有勇气跳入这烈火中，那么他将会变成第一代太阳，从此受到人们的尊崇。当时，神灵中地位最低的纳纳瓦特神和地位高贵的特克西斯特卡尔神都愿意牺牲，都愿意化为太阳照亮世界。胆大的纳纳瓦特神率先跳入烈火中，顿时东方升起一轮红日。胆小的特克斯西斯特卡尔神犹豫不决，当看到纳纳瓦特神变成太阳后，他才下定决心，咬牙跳入火堆中。可惜他失去了先机，最终没有变成太阳，而是变成了光芒暗淡的月亮，只有等到太阳下山后，才能用微弱的光芒照耀大地。

这个神话传说不仅介绍了“特奥蒂瓦坎”名字的由来，还提到了城中著名的遗迹太阳金字塔和月亮金字塔。那么，这两座金字塔有什么特别之处呢?

太阳金字塔坐落在墨西哥，是特奥蒂瓦坎古城中最大的建筑，它建造于公元 2 世纪，是古印第安人祭祀太阳神的地方。塔身坐东朝西，呈梯形，塔的基底长约 225 米，宽约 222 米，塔高约 66 米，共有 5 层，体积约达 100 万立方米。从外形看，太阳金字塔与埃及金字塔相似，底部都为正方形，四个面分别朝着东南西北四个方向，就如一个“金”字的等边三角形，底边与塔高比正好等于圆周与半径的比。

太阳金字塔的建造材料很普通，内部用 250 万吨的泥土和沙石堆积而成，外面的阶梯用巨大的雕刻着五彩缤纷图案的火山石石板镶嵌而成。沿着阶梯而上，塔顶伫立着一座太阳神庙，可惜的是，神庙早已毁坏，只留下丁点儿遗迹。据18世纪西班牙历史学家考证说，最初的太阳神庙金碧辉煌，约有10米高，庄严肃穆的太阳神像立于神坛中央，面对着东方，看着太阳缓缓升起。他的胸前点缀了许多饰品，多为金银、宝石等。每当太阳光照在神像身上，耀眼的光芒让人们睁不开眼，也从心里涌出一股崇敬感。值得一提的是，当初人们是杀活人祭祀太阳神的。

细细探究太阳金字塔，你会发现许多不可思议之处。比如，当天狼星的光线经过南边墙上的气流通道时，光芒能直接照射到安息于上层厅堂中死者的头部；当北极星的光线经过北边城墙上的气流通道时，光芒能够直射到下层的厅堂。同时，这座金字塔的建造技术也让人惊叹，从下而上逐层堆积，且越往上越小，就像一个多层的生日蛋糕。与玛雅金字塔一样，塔的单面共有91级台阶，四面也就是364块，如果加上塔顶的平台，恰好为一年的天数——365。

我们都知道，埃及的金字塔是法老的陵墓，它的内部是空心的。那么，太阳金字塔的内部构造是怎么样的呢？

科学家们对此十分感兴趣，认为塔里一定藏着巨大的秘密。墨西哥民族自治大学物理学院院长阿图罗·门查卡·罗查领着自己的考察小组对太阳金字塔进行了宇宙射线探测实验。探测器被安置在太阳金字塔塔基下约7.8米处的一条隧道里。探测器可以利用宇宙射线与大气的相互作用产生介子束。介子束是持续不断的，能够不受阻碍地穿过它所探测的物体，并且可以在百万分之一秒内穿透物体数十公里。由于一定量的已知物体所吸收的介子微粒量是固定的，所以宇宙射线探测器能通过接收穿过岩体的介子束的疏密程度来判断出金字塔内部的结构是否是空心的，以及是否存在墓室。罗查教授表示，从目前的探测结果看，在太阳金字塔内部的某个区域内很有可能存在着洞穴。

现在，科学家们仍致力于塔内的探索活动，相信这个谜团在不远的将来终会解开。

说完太阳金字塔后，再来看看与之遥遥相对的月亮金字塔。

月亮金字塔同样位于墨西哥，坐落在特奥蒂瓦坎古城的最北端，是祭祀月亮神的地方。与太阳金字塔相比，它不仅晚建约 200 年，规模上也小了许多。但是它的建造技艺精湛，200 多级台阶每级的倾斜角度都不相同。月亮金字塔高约 46 米，底基长约 150 米，宽约 120 米，也分 5 层。由于建设在高地基上，所以从视觉上看，它与太阳金字塔在一条水平线上，但事实上，它的高度远远低于太阳金字塔。塔的正面由陡峭的阶梯构成，站在塔底朝顶端看，塔顶仿佛插入云端，若从顶端朝下看，颇有一种“一览众山小”之感。如今，塔顶已经损坏，而塔身阶梯也是后期修复的，不过我们仍然可以在外部叠砌的石块上看到色泽艳丽、神秘古老的壁画，有戴着羽毛项圈的蛇头，有用玉米芯组成的象征着雨神的图案等等。

在月亮金字塔的旁边有一座气势宏伟的月亮广场，为对称形建筑，由南到北长约 204.5 米，由东往西长约 137 米。在广场的中央有一座四方形的祭台，当时城内居民就是在这里举行宗教仪式活动的。

特奥蒂瓦坎古城内还有一座不得不说的古遗迹，那就是羽蛇神庙。

沿着古城内的黄泉大道朝南行走，你会看到城内第三座纪念性的大型建筑——城堡。城堡内有住宅、广场、神庙及其周围 15 座金字塔式的平台，闻名于世的奎札科特尔神庙就坐落在广场中心。

在阿兹特克语中，“奎札科特尔”是“羽蛇之神”的意思，而在这座建筑西面的墙上也雕塑着巨大的特征鲜明的羽蛇头像。在古印第安，羽蛇是他们崇拜的神话中的动物，它的身体是蛇，背上长着克沙尔鸟的羽毛，看上去神秘而威严。而在当地的神话传说中，羽蛇之神又化身为一位神灵，据说他来自遥远的太空，身上穿着神圣的白袍，胡须垂到胸前。他降临特奥蒂瓦坎后，传授人们各种知识和律法。等人们学会这些知识，创建出属于自己的文明后，他才乘坐飞船回到自己的家乡。但人们相信，羽蛇之神总有一天会重返地球。

羽蛇神庙绝对是宏伟壮观的建筑，可惜的是，它早已不复以往面貌。如今的神庙倒塌得只剩下一个底座，那是一个六层的棱锥形建筑。不过，这个仅剩的底座照样能让学者们惊叹不已，因为它不仅造型优美，气势上也给人一种奢侈豪华之感。底座的每一层都雕刻着羽蛇头像和雨神头像，石像间隔排列，数目众多。羽蛇蛇身为浅浮雕，雕刻风格粗犷，栩栩如生地蜿蜒在石板上。当你亲眼看见这些浮雕时，一定会认为它们是用模具浇筑出来的，然而事实上，它们是人类用石制工具手工雕刻出来的。另外，底座上还刻着大量的精美图案以及抽象的象形文字，至于这些文字的意义，学者们至今还在破译中。

长久以来，人们一直认为羽蛇神庙是一座宗教建筑，当时的居民就在这里进行宗教活动。到了20世纪80年代，人们忽然推翻了先前的定论，因为学者们经过考古发现，神庙也可能是特奥蒂瓦坎进行与军事活动相关的祭祀中心。墨西哥国家人类学与历史学研究所对神庙进行了多次挖掘勘察，他们发现，在神庙的地下有许多墓坑，初步统计埋葬了100多人。这些死者好像是为了献祭活动而死的，尸骨堆积在墓穴中，身上穿着士兵服饰，身体扭曲，且双手捆绑于身后，一些死者的身上佩戴着类似人类牙齿的饰物，一些死者的腰后则装饰着黄铁矿制成的圆石板。

如今，特奥蒂瓦坎古城遗址是墨西哥主要的旅游圣地，并在1987年被列入世界遗产名录。如果有机会，不妨去见证一下特奥蒂瓦坎的雄伟壮丽吧。

玛雅神话——诸神之战

每一个古老的文明都拥有源远流长的神话传说，玛雅文明也不列外。在玛雅的古遗迹中，你会发现各种各样的神灵，几乎每一个事物都有属于它自己的神灵。而在这么庞大的神系中，神与神之间也有战争。下面我们就来说说玛雅最著名的神话传说——诸神之战。

传说，柯穆·卡门普斯是一切神灵的创造者，被称为“众神之王”。他有两个得力的助手，分别是怒神劳和智慧之神斯凯尔。这两个神灵各霸一方，众神唯他们马首是瞻。

怒神劳居住在劳·拉那山顶的圣湖，掌管着那里的神灵们。这些神灵中，大力神拉克十分出色，常年生活在圣湖水底，有一双力拔山河、无坚不摧的巨臂，只要他愿意，伸手就能碰触到圣湖四周的巨岩，也可以把任何一个胆敢侵犯圣湖威严的人拖入湖底，吞入腹中。其他神灵想要出湖游玩，就会变成各种各样的飞禽走兽。而山的北坡、靠近圣湖河畔的巨谷平原一带就是他们嬉戏的地方。

智慧之神斯凯尔盘踞在距离亚赛姆河谷不远处的拉玛特沼泽地，掌管着那里的神灵。这些神灵若想去沼泽地之外的陆地上游玩，也会变成各种动物，比如地上走的羚羊、驼鹿、狐狸、狼，以及天上飞的秃鹰、山鹰、鸽子等。

原本，两地的神灵们相处得很愉快，从来没有纷争。直到有一天，他们因为“智慧和勇气”的问题产生了矛盾。神灵们争论不休，最后更是大打出手。多少年过去了，问题依旧没有解决，而战斗也持续不休。最终，智慧之神斯凯尔败给了怒神劳，而他的心脏也被挖了出来。

因为战争的胜利，劳带着手下的神灵们在圣湖河畔举办了一场盛大的庆功会，也设置了一场竞技赛。他们邀请了许多神灵来参加，其中包括斯凯尔以前掌管的神灵们。庆功宴那天，劳宣布第一项竞技赛是赛球，这球可不是别的，正是斯凯尔的心脏。斯凯尔手下的神灵们心里清楚，想要斯凯尔复活，只有将那颗心脏重新放回他的身体中。所以他们商量对策，势必要在比赛中夺回心脏。这些神灵们，一部分参加竞技赛，一部分躲在圣湖河畔，其中擅长跳跃的驼鹿躲的地方距离球赛场最近，羚羊因为腿长跑得快，躲在了树林边，至于别的飞禽走兽，则躲在停放斯凯尔身躯附近的地方。

此时此刻，怒神劳和他掌管的神灵们围城了一个大圈，将斯凯尔的心脏抛过来、踢过去。斯凯尔手下的神灵们见找不到抢夺的机会，便故意嘲讽起来：“你们这帮没用的家伙，只能抛这么高吗？就连人间的小孩都比你们抛得高。”

劳手下的神灵们果然上当了，将斯凯尔的心脏抛得一次比一次高，劳更是将心脏抛到大圈外。隐藏许久的驼鹿见机会来临，一把接住斯凯尔的心脏便往山坡下跑去。这时候，劳也发现自己上当了，连忙呼喊下属的神灵们去追驼鹿，可是他们怎么能追赶上呢？驼鹿跑累了，便把心脏交给了羚羊。羚羊继续跑，劳和众神只能在后面追，并且距离越来越远。之后，羚羊将心脏交给狼，狼又交给秃鹰，秃鹰又交给山鹰，山鹰又转交给鸽子。最后，鸽子衔着心脏飞到斯凯尔的身躯旁，并将心脏放进他的身体。

就这样斯凯尔复活了，带着手下准备与怒神劳展开新一轮的战争。劳见大势不妙，便率领众神退回圣湖。最终，战争以劳战死而结束。斯凯尔为了不让劳有复活的机会，将劳的尸体剁成碎块，抛入圣湖河畔里，还欺骗居住在圣湖内的大力神拉克：“嘿，这个是斯凯尔的脚！那个是斯凯尔的手！”

于是，不知情的拉克将劳的尸块全都吞入腹中。事后，拉克发现斯凯尔欺骗了他，怒火中烧，准备找斯凯尔算账。后来在众神之王柯穆·卡门普斯的劝说下，他放弃了报仇的念头。劳的下属神灵们搜遍了整个圣湖，最终只找到劳的头颅。不过他们没有去动那颗头颅，任由其飘在圣湖的湖面上。

不知道多少年过去了，劳的头颅化成了一座小岛，就是现在的柯尔东那岛。据说，怒神劳的灵魂至今不散，他盘踞在小岛的岩石上，幽幽地注视着湖面。有时候，当陆地和水里的神灵们睡着了，他会悄悄跃入湖中，以拍打湖面、卷起巨浪的方式发泄自己心中的怨气。每当柯尔东那岛被狂风暴雨笼罩时，人们总以为那是他歇斯底里的怒吼声。

玛雅文明的神话传说数不胜数，可以说每一个都让人入迷不已，比较知名的神话有“神女与灰熊”、“羽蛇神库库尔坎”等，如果有兴趣，不妨去了解一番。

古埃及和古玛雅的亲缘关系

提到玛雅，人们会不自觉地想到埃及。为什么呢？因为玛雅和埃及有太多的相似之处，它们都属于源远流长的文明国度。那么，玛雅和埃及有哪些相似之处呢？它们的文明是一脉传承的吗？

在文字上，埃及与玛雅都使用象形文字。埃及的象形文字有三种字符，分别是音符、意符和限定符，这三种字符可以表行、表意和表音。玛雅文字是一种兼有意形和意音功能的文字，它既有象形，也有会意和形声。虽然两种文字从外形上看不同，但是本质上所表达的意思相同。另外，不论是埃及人还是玛雅人，他们都喜欢将文字刻在石碑、庙宇、墓室和墙壁上，或是陶器、玉器和贝壳上。

在天文历法上，埃及和玛雅不仅拥有自己的历法，而且精确度也高得惊人。埃及历法包括太阳历和准太阴历等，大体上，每年可分为 3 个季节，分别是泛滥季、长出五谷季和收割季。他们将一年定为 365 天，一年有 12 月，每个月 30 天，多出来的 5 天为节日，这种历法比现代人使用的历法少 1/4 天。玛雅人使用的历法较多，其中与埃及历法最接近的是太阳历，他们计算出太阳年的长度为 365.2420 日。

在崇拜和信仰上，从众多的玛雅遗迹中，我们发现最多的图腾为羽蛇神。很显然，玛雅人信奉羽神蛇，而这个神灵被描绘为长着翅膀的蛇。在古埃及也有相似的被崇拜的神灵，《死亡之书》中有这么一段描写："啊，你，完善之神，永恒之神，唯一之神，与太阳共升展翅飞翔的雄鹰！"鹰是太阳之神拉的化身，其形象多为鹰首人身，头顶有一日盘，日盘上就盘曲着一条蛇。

此外，在玛雅，羽蛇神代表着农业之神、太阳之神，同时也代表着死亡与重生。在古埃及，拉是太阳之神，而奥西里斯是冥界之神，并且在生前教会了埃及人种植技术，所以也有农业之神之称。两个不同的文明却诞生出外形、职责相似的神灵，这很难让人觉得是巧合，两者之间或多或少存在某种关系。

在神话体系上，古玛雅和古埃及的神话数不胜数，其神灵体系也都庞大完善，各有各自文明的特色。玛雅神灵体系中有九联神，而埃及神话体系中有九柱神，两者之间有太多的相似点。比如，玛雅的九联神由九位神灵组成，他们地位崇高，颇受人们的敬仰，且代表着自然界的九种元素，有风神、雨神、云神、战神、死神等等。埃及神话的九柱神也是由九位神灵构成的，也有自然界元素的化身，也存在着风神、雨神、死神、农业之神等等。不同的是，玛雅的九联神互不相干、独立存在，而埃及的九柱神存在着亲缘关系。

说完了古玛雅和古埃及的相似之处，我们再来探索下两个文明是否是一脉相承。

柏拉图是古希腊著名的哲学家，他有一本名为《对话录》的著作，这本著作中出现了"亚特兰蒂斯"这个名字。书中描述，亚特兰蒂斯是个有着高度文明的古老大陆，淹没在公元前一万年的史前大洪水中。玛雅历法也曾预言过，亚特兰蒂斯是第四个太阳纪，继承和发展第三太阳纪。

很多学者认为，古玛雅文明和古埃及文明都起源于亚特兰蒂斯。为什么这么说呢？据说，当那场大洪水退去后，幸存下来的亚特兰蒂斯人乘坐各种先进的交通工具逃离灾难地，并在最近的其他大陆上繁衍生息，这里的其他大陆就是美洲的古玛雅和非洲的古埃及，所以这也能解释得通为何玛雅和埃及在建筑和天文历法上如此相似。

科学家们通过考古发现，在史前大洪水之前，或许地球上真的存在过这么一个大陆。而在近一个世纪以来，考古学家们在大西洋海底找到了许多有关史前文明的遗迹，这些遗迹似乎也在印证亚特兰蒂斯的存在。

也有学者认为，古玛雅和古埃及的文明传承于外星人，证据来源于两个文明的古老壁画。

1979 年，英国的考古学家在埃及东北部的沙漠中发现了一座遗址，遗址中有一块壁画，上面有与现代相似的直升机、潜水艇以及一些类似飞行物的东西。一些学者认为，这些东西来自于外星人。他们推测，外星人教会了古埃及人许多知识，为他们创下了文明。之后，外星人乘坐飞行器离开了。古埃及人为了纪念外星人，才在壁画上留下有关外星人的痕迹。

古玛雅也留下了许多让人费解且惊讶的遗迹。1948—1952 年，墨西哥的考古学家路利教授在玛雅的巴伦杰神殿的碑铭神庙中发现了一个巨大石室，石室的墙面上布满了浮雕，浮雕上有九位盛装打扮的神官，以及一个头上戴着奇怪饰品的青年。仔细观察后发现，这个浮雕上居然有一个飞行器。飞行器与现代的太空船十分相似，而青年戴着的头饰其实是个太空头盔，从他的动作上，不难看出他正在操作飞行器。如果这块浮雕是真的，那么几千年前的古玛雅人就已经具备了探索太空的能力吗？不过，人们更相信浮雕上的是外星人，而玛雅文明是外星人创造的也说不准。

图书在版编目（CIP）数据

法老的诅咒：神秘的金字塔与木乃伊之谜 / 探秘天下编写组 编著 .—北京：时事出版社，2016.9（2019.1 重印）

ISBN 978-7-5195-0011-5

Ⅰ．①法…　Ⅱ．①探…　Ⅲ．①金字塔－普及读物②干尸－埃及－古代－普及读物　Ⅳ．① K941.17-49 ② K884.118.8-49

中国版本图书馆 CIP 数据核字（2016）第 164057 号

出 版 发 行：时事出版社
地　　　址：北京市海淀区万寿寺甲 2 号
邮　　　编：100081
发 行 热 线：（010）88547590　88547591
读者服务部：（010）88547595
传　　　真：（010）88547592
电 子 邮 箱：shishichubanshe@sina.com
网　　　址：www.shishishe.com
印　　　刷：北京溢漾印刷有限公司

开本：787 × 1092　1/16　印张：18　字数：230 千字
2016 年 9 月第 1 版　2019 年 1 月第 4 次印刷
定价：32.00 元